Michelle Beyer / Simone Lück-Hildebrandt



# Besser in Französisch

## Grammatik

Mit 16 S. Lösungsheft

3./4. Lernjahr

Cornelsen
SCRIPTOR

Das Buch wurde für die 4. Auflage komplett durchgesehen und aktualisiert.

Diese Lernhilfenreihe, ursprünglich für den Französisch-Beginn in der 7. Klasse konzipiert, lässt sich auch beim Französisch-Start in einer früheren Klasse erfolgreich nutzen.

Die Autorinnen:
**Michelle Beyer** war viele Jahre Französischlehrerin an einem Gymnasium in Deutschland und unterrichtet heute an einem französischen Gymnasium.

**Simone Lück-Hildebrandt** unterrichtet Französisch an einem Gymnasium.
Sie ist außerdem Beauftragte für Lehrerfortbildung im Fach Französisch.

**www.cornelsen.de**

**Bibliografische Information:**
Die Deutsche Bibliothek verzeichnet diese Publikation in der Deutschen Nationalbibliografie; detaillierte bibliografische Daten sind im Internet über http://dnb.ddb.de abrufbar.

Dieses Werk berücksichtigt die Regeln der deutschen Rechtschreibung, die seit August 2006 gelten.

1. Auflage 2010

Redaktion: Maria Bley, Baldham
Herstellung: Kristiane Klas, Frankfurt am Main, Dagmar & Torsten Lemme, Berlin
Umschlaggestaltung: Patricia Müller und Regina Meiser, beide Berlin
Illustrationen: Stefan Matlik, Essenheim
Satz: Utesch GmbH, Hamburg
Druck und Bindearbeiten: Tesinska Tiskarna, Cesky Tesin
Printed in the Czech Republic
ISBN 978-3-589-22857-7

Gedruckt auf säurefreiem Papier,
umweltschonend hergestellt aus chlorfrei gebleichten Faserstoffen.

# Inhalt

# So lernst du mit diesem Buch

Aus welchem Grund du dich auch entschlossen hast, deine Französischkenntnisse zu verbessern – dieses Buch wird dir helfen, beim Umgang mit der französischen Grammatik sicherer zu werden.

Der Aufbau dieser Lernhilfe entspricht ungefähr deinem Französischlehrbuch, das du in der Schule benutzt. Du musst diese Lernhilfe aber nicht unbedingt von vorne nach hinten durcharbeiten. Wenn du ein ganz bestimmtes Problem hast, kannst du das entsprechende Thema anhand des Inhaltsverzeichnisses heraussuchen und dann dieses Kapitel bearbeiten.

Auch das Vokabular ist auf dein Französischbuch abgestimmt. Manchmal war es allerdings nicht zu vermeiden, einen Begriff aufzunehmen, den du vielleicht noch nicht kennst. Die Übersetzung findest du dann meist unmittelbar hinter diesem Wort.

Jedes Kapitel dieses Buches enthält

- eine Übersicht über die behandelten Themen,
- kurze grammatische Erklärungen mit Beispielsätzen,
- ein bis zwei Übungen zum jeweiligen Thema und
- einen abschließenden Test.

Der Test am Ende des Kapitels enthält Übungen, für die du alle behandelten Themen des Kapitels beherrschen musst. Anschließend gibst du dir für die richtigen Ergebnisse Punkte und überprüfst selbst, ob du mit deinen Fortschritten zufrieden sein kannst. Hast du nicht mehr als die Hälfte der angegebenen Punktzahl erreicht, solltest du das Kapitel noch einmal sorgfältig durcharbeiten.

Fast alle Übungen sind direkt im Buch zu bearbeiten. Am besten nimmst du dafür einen Bleistift. Dann kannst du radieren und eine Übung, mit der du nicht ganz zufrieden warst, noch einmal wiederholen. Mithilfe des Lösungshefts überprüfst du deine Eintragungen. Schau dir die Lösungen aber immer erst an, wenn du eine Übung vollständig bearbeitet hast!

Wie überall gibt es auch in Frankreich viele Informationen über das Internet. Nun, das können wir leider nur virtuell liefern, mit Microdoc.

Microdoc kann dir Zugang zu einigen Grammatikthemen verschaffen, die dir bisher vielleicht Schwierigkeiten bereitet haben.

Viel Erfolg und Spaß beim Üben mit diesem Buch!

*Michelle Beyer und*
*Simone Lück-Hildebrandt*

# 1 Die Zeiten der Vergangenheit
# *Les temps du passé*

A Die Bildung des *imparfait*
B Der Gebrauch von *imparfait* und *passé composé*
C Das *plus-que-parfait*

## A Die Bildung des *imparfait*

– A quelle heure **es**-tu **rentrée** hier?
– A minuit. Ce n'est pas un drame!
– Quand j'**avais** ton âge, je ne **sortais** pas le samedi soir et je ne **répondais** pas sur ce ton à ma mère!

Eine Zeit der Vergangenheit, das *passé composé*, ist dir inzwischen sicher geläufig. Mit dem *imparfait* lernst du eine weitere Zeit der Vergangenheit kennen, die einfach zu bilden ist. Abgesehen von wenigen Ausnahmen werden die Formen des *imparfait* vom Stamm der 1. Person Plural des Präsens abgeleitet. Die Personalendungen sind immer gleich. Sie lauten:

-ais -ais -ait -ions -iez -aient

Für die Bildung des *imparfait* musst du dir also nur den Stamm der *nous*-Form im Präsens und die entsprechende Endung vergegenwärtigen.

| infinitif | présent: nous | imparfait | |
|---|---|---|---|
| regarder | **regard**ons | je | regard**ais** |
| descendre | **descend**ons | tu | descend**ais** |
| finir | **finiss**ons | elle/il | finiss**ait** |
| boire | **buv**ons | nous | buv**ions** |
| prendre | **pren**ons | vous | pren**iez** |
| appeler | **appel**ons | elles/ils | appel**aient** |

Und dies sind die wenigen Ausnahmen:

**être**

| | |
|---|---|
| j' | étais |
| tu | étais |
| elle/il | était |
| nous | étions |
| vous | étiez |
| elles/ils | étaient |

**falloir** (notwendig sein)

il fallait présent: il faut

**pleuvoir** (regnen)

il pleuvait présent: il pleut

Bei den Verben, die auf *-cer* und *-ger* enden, musst du bei der 1. und 2. Person Plural auf die Rechtschreibung achten – denn *ç* und *ge* stehen nur vor *a*, *o*, *u*.

| | | | |
|---|---|---|---|
| **commencer** | | **ranger** | |
| nous commen**ç**ons | je commençais | nous ran**ge**ons | je rangeais |
| | nous commen**c**ions | | nous ran**g**ions |
| | vous commen**c**iez | | vous ran**g**iez |

Besondere Aufmerksamkeit verlangen auch die Verben, deren Stamm in der *nous*-Form auf *i* oder *y* endet.

| | | | |
|---|---|---|---|
| **oublier** | | **rire** | |
| nous oublions | j' oubliais | nous rions | je riais |
| | nous oubl**ii**ons | | nous r**ii**ons |
| | vous oubl**ii**ez | | vous r**ii**ez |
| **employer** | | **croire** | |
| nous employons | j' employais | nous croyons | je croyais |
| | nous emplo**yi**ons | | nous cro**yi**ons |
| | vous emplo**yi**ez | | vous cro**yi**ez |
| | | ebenso: voir | |

1 Ergänze die Formen des *imparfait.*

| | | |
|---|---|---|
| regarder | jeter | lancer |
| je __________ | tu __________ | il __________ |
| nous __________ | vous __________ | ils __________ |
| attendre | descendre | vendre |
| j' __________ | tu __________ | elle __________ |
| nous __________ | vous __________ | elles __________ |
| dormir | partir | vouloir |
| je __________ | tu __________ | il __________ |
| nous __________ | vous __________ | ils __________ |
| réfléchir | venir | pleuvoir |
| je __________ | tu __________ | il __________ |
| nous __________ | vous __________ | |

| | | |
|---|---|---|
| partager (teilen) | envoyer | crier (schreien) |
| je ______________ | tu ______________ | elle ______________ |
| nous ______________ | vous ______________ | elles ______________ |
| voir | croire | sourire |
| je ______________ | tu ______________ | nous ______________ |
| nous ______________ | vous ______________ | vous ______________ |

**2** Moi à ton âge …
Setze die folgenden Verben ins *imparfait.*

1. Moi, à ton âge, je ____________________________ (ne pas avoir besoin) d'argent de poche.
2. Nous _________________________ (s'amuser) entre amis pour pas cher.
3. D'abord, je ______________________ (ne pas sortir) souvent.
4. Mes frères et moi, nous ______________ (devoir) aider nos parents qui ______________________ (ne pas être) riches.
5. Le dimanche, nos parents nous ____________________ (emmener) parfois au cinéma.
6. Je dis bien parfois, car il ______________ (falloir) faire très attention à l'argent.
7. Nous _________________________ (ne pas pouvoir) partir en vacances.
8. Nous ______________ (aller) seulement chez une tante au bord de la mer.
9. Je ______________ (garder) des enfants pour me payer le cinéma et la discothèque une fois par mois.

10. Et vous _________________________ ______ (ne pas s'ennuyer)?

11. Si nous _________________________ (s'ennuyer)?
12. Oh non, c'________ (être) comme ça pour tout le monde.
13. On ____________________ (ne pas avoir) idée d'imaginer autre chose.

# B Der Gebrauch von *imparfait* und *passé composé*

1. Das *imparfait* wird benutzt, um Situationen und Handlungen darzustellen, deren Anfang und Ende keine Rolle spielen.
Dabei handelt es sich oft um Geschehnisse, die parallel verlaufen, um Situationsschilderungen oder um die Beschreibung von Hintergrundhandlungen.

> Ma grand-mère **préparait** une tisane (Tee),
> mon grand-oncle **écoutait** les informations
> et ma mère **tricotait** dans un coin.

Deshalb steht das *imparfait* in der Regel nach *pendant que*.

Dagegen wird das *passé composé* zur Darstellung von Situationen und Vorgängen gebraucht, deren Anfang und Ende klar begrenzt sind.
Dies ist besonders der Fall, wenn eine Handlung die andere ablöst:

> Il **a mis** son manteau.
> Il **a ouvert** la porte.
> Il **est parti** sans rien dire.

Dabei spielt die Dauer der Situation oder der Handlung keine Rolle:

> La Première Guerre Mondiale **a duré** quatre ans.

2a. Das *imparfait* schildert ein gerade im Verlauf befindliches Geschehen, das den Rahmen für eine neu einsetzende Situation oder Handlung bildet.
Das neu eintretende Ereignis wird durch das *passé composé* dargestellt.

> Astérix et Obélix **se promenaient** dans la forêt, quand, tout à coup,
> ils **ont entendu** des Romains.

Darum steht das *imparfait* auch in Verbverbindungen, die einen Verlauf in der Vergangenheit beschreiben, wie *être en train de faire qc* (gerade dabei sein, etw. zu tun).

> J'**étais** en train de lire mon journal, quand le téléphone **a sonné**.

2b. Das *imparfait* steht ebenfalls in Verbverbindungen, die den Umstand einer neuen, meist unvorhergesehenen Handlung unterstreichen, wie *venir de faire qc* (eben etw. getan haben), *aller faire qc* (im Begriff sein, etw. zu tun).

> Je **venais** de terminer ma lettre, quand le directeur m'a appelé.
> (Was war …, als …?)
> Il **allait** monter en voiture, mais il a remarqué qu'il n'**avait** pas ses papiers.
> (Was sollte geschehen …, als …?)

3. Schließlich wird auch die Regelmäßigkeit und Wiederholung von Handlungen in der Vergangenheit durch das *imparfait* ausgedrückt.

> Tous les matins, il **allait** acheter son journal.
> Puis, il **partait** travailler vers sept heures.
> Le soir, il **sortait** promener son chien vers huit heures.
> Quand il y **avait** un match de foot intéressant, il **allait** le voir.

Das *imparfait* steht in diesem Fall auch bei Adverbien, die normalerweise eine neu eintretende Handlung bezeichnen, wie *puis* oder *alors,* und in Nebensätzen mit *quand* (jedes Mal, wenn).

**3** Unterstreiche die Verben der folgenden Sätze und ergänze die Ziffer der zutreffenden Erklärung.

Das Verb bezeichnet

1 eine Situationsschilderung, eine parallel verlaufende Handlung, eine Hintergrundhandlung,
2a ein gerade im Verlauf befindliches Geschehen,
2b den Umstand einer Handlung *(venir de faire qc, aller faire qc)*,
3 die Regelmäßigkeit oder Wiederholung einer Handlung,
4 eine Situation oder Handlung, deren Anfang und Ende klar begrenzt sind,
5 ein neu eintretendes Ereignis.

1. J'<u>étais</u> dans mon bain quand le téléphone <u>a sonné</u>. 2a 5
2. C'<u>était</u> une belle journée. J'ai pris le métro jusqu'à Opéra, 1 ____
puis je me suis promenée sur les boulevards. Je suis entrée ____ ____
aux Galeries Lafayette. Je n'ai rien acheté parce que tout était ____ ____
trop cher.
3. Pendant les vacances, mon père allait tous les jours nous ____
acheter des croissants.
4. Il pleuvait depuis des heures; Christian s'amusait avec une ____ ____
BD (bande dessinée *f*, Comic), Adeline jouait avec le chien ____
et Alexis s'ennuyait devant la télé. ____
5. Il faisait très beau, alors nous avons pris nos vélos. ____ ____
6. J'allais justement te téléphoner. ____
7. Nous sommes bien arrivés le 1er juillet par un très beau temps. ____

## C Das *plus-que-parfait*

Je me souviens bien de cette fille.
Elle **est arrivée** dans notre classe en troisième.
Elle **racontait** à tout le monde qu'elle **avait fait** le tour du monde.
Et tout le monde la croyait quand elle disait qu'elle **était allée** en Amérique et qu'elle **avait vu** des Indiens.

In einer Erzählung benutzt man verschiedene Zeiten, um Handlungen der Vergangenheit, die nicht gleichzeitig geschahen, voneinander zu unterscheiden.
Das *plus-que-parfait* wird für Vorgänge verwendet, die zeitlich vor einem anderen Geschehen der Vergangenheit liegen. Man spricht hierbei auch von Vorzeitigkeit.

| plus-que-parfait | imparfait |
|---|---|
| | Elle **racontait** |
| qu'elle **avait fait** … | |
| | Et tout le monde la **croyait** quand elle **disait** |
| qu'elle **était allée** … et qu'elle **avait vu** … | |
| Handlungen, die zeitlich vor der einfachen Vergangenheit liegen | Handlungen in der einfachen Vergangenheit |

Das *plus-que-parfait* wird mit dem *imparfait* der Hilfsverben *avoir* oder *être* und dem Partizip Perfekt *(participe passé)* des betreffenden Verbs gebildet.

*imparfait* von *avoir* oder *être* + *participe passé* des Verbs

Wie beim *passé composé* werden die meisten Verben auch hier mit *avoir* gebildet. Lediglich die Verben der Bewegungsrichtung (und einige andere) sowie die reflexiven Verben werden mit *être* gebildet.

Hier sind die Verben der Bewegungsrichtung noch einmal zur Erinnerung:

| | | | |
|---|---|---|---|
| venir | ↔ | aller | rester |
| arriver | ↔ | partir | retourner |
| entrer | ↔ | sortir | tomber |
| monter | ↔ | descendre | |
| naître | ↔ | mourir | |

Bei der Bildung mit *être* darfst du nicht vergessen, dass sich das Partizip in Geschlecht und Zahl nach dem Subjekt richtet. Wird mit *avoir* konjugiert, musst du feststellen, ob es ein direktes Objekt gibt. Steht dieses vor dem Verb, dann richtet sich das Partizip nach diesem Objekt.*

> Elle **avait fait** une fugue (war ausgerissen) et **était partie** en stop.
> Elle **était restée** longtemps à la campagne sans donner de nouvelles à ses parents.
> Sa mère **s'était fait** beaucoup de soucis et en **était morte** de chagrin (war vor Kummer fast gestorben).
> Les gendarmes l'**avaient** enfin **retrouvée** dans une grange (Scheune).

**4** Setze die folgenden Verben ins *plus-que-parfait*.

1. finir j' ______________________
2. gagner tu ______________________
3. partir elle ______________________
4. répondre nous ______________________
5. boire vous ______________________
6. descendre ils ______________________
7. connaître il ______________________
8. envoyer elles ______________________
9. neiger il ______________________
10. redoubler nous ______________________
11. s'ennuyer Marie ______________________
12. se coucher ils ______________________

* → Besser in Französisch, Grammatik 2. Lernjahr, Kapitel 4D und Kapitel 16.

**5** La fugue d'Agathe. (Agathe ist ausgerissen.)
Setze die folgenden Verben ins *imparfait* oder ins *plus-que-parfait* und achte dabei auf die Partizipien.

Cela __________[1] (faire) deux heures qu'elle ______________[2] (marcher) au bord de la route et elle ________________________[3] (ne pas manger) depuis la veille (Vortag). Maintenant, elle ________[4] (avoir) très faim.

Tout ________________________[5] (commencer) deux jours auparavant (vorher) par l'arrivée de cette lettre du lycée. Une enveloppe bleue, un peu sale. Le père ________________________[6] (l'ouvrir), ________________[7] (la lire) et ____________________[8] (la donner) à la mère sans un mot.

Elle ______________________[9] (s'essuyer) les mains, longuement, elle ________________[10] (mettre) ses lunettes, puis elle ______________________[11] (regarder) sa fille, durement, sans un mot.

Puis, elle ____________________________[12] (se retourner) vers le père et lui ______________[13] (dire). «Ça ___________[14] (devoir) bien se terminer comme ça un jour ou l'autre.» «Oui, elle n'est pas capable de suivre l'école.» «Elle», c'est-à-dire Agathe, __________________________________________[15] (ne pas beaucoup travailler) cette année. Elle _________________________[16] (bien penser) aux mauvaises notes du bulletin et aux réactions de ses parents. Dans ses rêves, elle _______________________[17] (se représenter, sich vorstellen) cette scène comme un orage, une tempête de cris, un ouragan de pleurs, de reproches, mais ce silence, ce vide dans les yeux de ses parents … Non. Alors, elle ________________[18] (sortir), tout doucement, sans bruit, sans claquer la porte comme elle le ______________[19] (faire) d'habitude.

Maintenant, elle ________________[20] (marcher) sur la route et ______________________[21] (se demander) où elle ___________________[22] (aller coucher) ce soir.

# Test

I Ergänze das *imparfait* der folgenden Verben.

| | | | | | | | |
|---|---|---|---|---|---|---|---|
| 1. | dire | je | ____________ | 8. | ouvrir | tu | ________________ |
| 2. | écrire | tu | ____________ | 9. | envoyer | elle | ________________ |
| 3. | conduire | il | ____________ | 10. | se lever | nous | ________________ |
| 4. | boire | nous | ____________ | 11. | partir | vous | ________________ |
| 5. | venir | vous | ____________ | 12. | réfléchir | elles | ________________ |
| 6. | servir | ils | ____________ | 13. | falloir | il | ________________ |
| 7. | dormir | je | ____________ | 14. | perdre | nous | ________________ |

14 points

II Une manif (Demo) contre le racisme.
Setze den folgenden Text in die Vergangenheit. Überlege vorher, wie die Situationen von René gesehen werden:
– als unbegrenzt oder im Verlauf befindlich *(imparfait)*,
– als begrenzt oder neu eintretend *(passé composé)*.

René raconte:

«Il ________[1] (être) environ dix heures quand nous ____________________ ________________[2] (se rencontrer). Le bus ________________________[3] (venir de passer). Nous ______________________[4] (décider) d'aller à pied dans le centre ville car le prochain bus ___________________________[5] (ne pas aller passer) avant dix heures et demie. Il _____________[6] (faire) très beau ce jour-là. Nous ___________ _______________[7] (se mettre) en route de bonne humeur. Malheureusement, il ______________[8] (falloir) porter nos pancartes (Schilder) contre le racisme. Comme elles ___________[9] (être) lourdes! Au bout de 20 minutes, je ___________________ ________[10] (ne plus en pouvoir). J' _________________[11] (demander) à Marie-Christine de m'aider. Mais elle ______________________[12] (me répondre) que ce ____________________[13] (ne pas être) un travail pour une fille.

A quand une manif contre le sexisme?»

13 points

**III** La fugue d'Agathe II. (Suite, Fortsetzung)
Setze die folgenden Verben ins *imparfait, passé composé* oder *plus-que-parfait.*

Agathe ____________________[1] (marcher) pendant des heures et maintenant, elle ________[2] (être) fatiguée. Elle ________________[3] (finir) par s'asseoir au bord de la route et regardait toutes ces voitures qui ________________[4] (passer). En ce moment, elle _________________________[5] (se demander) ce qu'elle ___________[6] (faire) ici, au bord de la nationale ... Laquelle, au fait? Où ___________[7] (être)-elle? Elle ne ________________[8] (reconnaître) plus la sortie de la banlieue grise et hostile (feindselig) où elle se trouvait. Elle ________[9] (être) tellement absorbée par ses pensées (in Gedanken versunken sein) qu'elle n'avait pas vu le grand garçon brun de l'autre côté de la route qui ___________[10] (mener, führen) vers Paris.

Tout à coup, les lourds nuages gris qui __________________[11] (menacer, bedrohen) le calme de cette fin d'après-midi _____________[12] (éclater, platzen) et de grosses gouttes (Tropfen) de pluie ______________________[13] (commencer) à tomber. Agathe ________________[14] (regarder) autour d'elle pour chercher à se mettre à l'abri (sich unterstellen). Rien. Et toujours ces voitures qui ______________[15] (passer) à toute vitesse sans la voir et qui l'_______________________[16] (éclabousser, nass-spritzen)! Elle ________________[17] (se dire) alors qu'elle ________________________________[18] (aller être mouillée, nass werden) en moins de cinq minutes. C'est alors que le grand jeune homme brun ________________[19] (traverser) la chaussée à grandes enjambées (Schritten). Maintenant, il _____________[20] (se tenir) devant elle et ______________[21] (sourire) un peu gêné.

– J'ai un parapluie, ... enfin, si tu veux . . . Tu vas où?

| 21 points

# 2 Die neutralen Pronomen *ce qui* und *ce que*
## *Les pronoms neutres «ce qui» et «ce que»*

A *ce qui* und *ce que* in der indirekten Frage
B *ce qui* und *ce que* im Relativsatz

## A *ce qui* und *ce que* in der indirekten Frage

Seit den ersten Stunden deines Französischunterrichts kennst du die Frage nach Sachen oder Tätigkeiten, die das direkte Objekt des Satzes bilden:

**Qu'est-ce que** les amis ont acheté au marché? — Ils ont acheté **des fleurs.**
**Qu'est-ce que** tu aimes faire l'après-midi? — J'aime faire **du sport.**

Was? Frage nach dem direkten Objekt — direktes Objekt

Daneben gibt es natürlich auch die Frage nach Sachen, die das Subjekt des Satzes bilden:

**Qu'est-ce qui** t'intéresse dans le volley? — **L'esprit de l'équipe*** m'intéresse.

Was? Frage nach dem Subjekt — Subjekt

Im Deutschen werden diese beiden Frageformen mit „Was … ?" eingeleitet. Im Französischen musst du dir jedoch überlegen, ob nach dem Subjekt oder nach dem Objekt gefragt wird.
Noch einmal zusammengefasst:

| | |
|---|---|
| Qu'est-ce **qui** … | fragt nach Sachen (Tätigkeiten, Ereignissen, Aussagen), die **Subjekt** sind. |
| Qu'est-ce **que** … | fragt nach Sachen (…), die **direktes Objekt** sind. |

* l'esprit *m* de l'équipe *f*, Gemeinschaftsgeist

1 Christine a des problèmes.
Elle a des problèmes à l'école, à la maison, avec ses camarades de classe.
Mme Lagrange est professeur de littérature, en même temps, elle travaille comme psychologue dans le collège de Christine. Elle aimerait bien aider Christine; c'est pour cela qu'elle lui pose des questions.
Versetze dich in die Lage von Mme Lagrange, und stelle die Fragen. Entscheide dabei, ob die Frage mit *Qu'est-ce qui* … oder *Qu'est-ce que* … eingeleitet wird.

1. Mme Lagrange: ______________________________ (aimer faire) après que tu as terminé tes devoirs?
   Christine: J'aime bien écrire mes idées et mes pensées dans mon journal intime.
2. Mme Lagrange: ______________ t'a fait (avoir fait) de la peine (Kummer)?
   Christine: Le départ de mon frère m'a fait de la peine.
3. Mme Lagrange: ______________________________ (ressentir, fühlen) quand tu discutes avec tes camarades de classe?
   Christine: Je ressens une certaine (gewisse) agressivité.
4. Mme Lagrange: ______________________________ (intéresser qn) dans tes études à l'école?
   Christine: C'est la littérature et la philosophie qui m'intéressent beaucoup.
5. Mme Lagrange: ______________________________ (proposer qc à qn)?
   Christine: Mes parents me proposent de changer d'école.
6. Mme Lagrange: ______________ t'énerve (énerver qn, stören) avant tout?
   Christine: C'est la concurrence entre les élèves qui m'énerve avant tout.
7. Mme Lagrange: ______________________________ (faire peur à qn)?
   Christine: L'avenir (Zukunft) me fait peur.

8. Mme Lagrange: ________________________________ (aller faire) pendant les vacances?

Christine: Pendant les vacances? Je vais rester à la maison.

9. Mme Lagrange: Ecoute, Christine! Moi, je te propose autre chose.

Christine: Ah oui? ________________________________ (proposer qc à qn) ?

Wie verwandelst du nun die direkte Frage nach Sachen in eine indirekte Frage?

| | | |
|---|---|---|
| **Qu'est-ce qui** t'intéresse dans le volley?<br>Je me demande **ce qui** t'intéresse dans le volley. | direkte Frage<br>indirekte Frage | nach dem Subjekt |
| **Qu'est-ce que** les amis ont acheté au marché?<br>Elle a demandé **ce que** les amis ont acheté au marché. | direkte Frage<br>indirekte Frage | nach dem dir. Objekt |

Du siehst: *ce qui* und *ce que* bleiben dabei erhalten. Sie leiten hier indirekte Fragen ein. Die „Auslöser" für indirekte Fragen können sein:

| | | |
|---|---|---|
| (se) demander | s'interroger | ne pas savoir |
| se poser la question | vouloir savoir | ne pas comprendre … |

Es ist also ganz einfach:

| | | | |
|---|---|---|---|
| Aus | Qu'est-ce qui …?<br>Qu'est-ce que …? | wird | Elle a demandé **ce qui** …<br>Nous ne savons pas **ce que** … |

2 Mme Lagrange se fait des soucis.
Mme Lagrange connaît Christine depuis deux ans. Elle a bien vu qu'elle a des problèmes. Avant sa discussion avec Christine, elle réfléchit.
Wandle die direkten Fragen in indirekte um. Verwende folgende „Auslöser“:

| | | |
|---|---|---|
| Je me demande … | Je ne sais pas … | Je vais lui demander … |
| Je ne comprends pas … | Je voudrais bien savoir … | |

1. Qu'est-ce qu'elle aime bien faire après ses devoirs? ______________________
2. Qu'est-ce qui lui a fait de la peine? ______________________
3. Qu'est-ce qu'elle ressent quand elle discute avec ses camarades de classe? ______________________
4. Qu'est-ce qui l'intéresse dans ses études à l'école? ______________________
5. Qu'est-ce que ses parents lui ont proposé? ______________________
6. Qu'est-ce qui l'énerve avant tout? ______________________
7. Qu'est-ce qui lui fait peur? ______________________

In diesem Abschnitt ging es um die Pronomen *ce qui* und *ce que* in der indirekten Frage nach Sachen, Tätigkeiten, Ereignissen oder Aussagen.
Beachte aber: Wird im indirekten Fragesatz nach einer **Person** gefragt, so musst du das Pronomen *qui* benutzen – gleichgültig, ob *qui* Subjekt oder direktes Objekt ist.

| | | | | |
|---|---|---|---|---|
| | Qui | est-ce qui est venu? | | |
| Je ne sais pas | **qui** | est venu. | | |
| | Subjekt | Verb | | |
| | Qui | est-ce que | tu | as rencontré? |
| Je ne sais pas | **qui** | | tu | as rencontré. |
| | dir. Objekt | | Subj. | Verb |

# B *ce qui* und *ce que* im Relativsatz

Du hast gesehen, dass *ce qui* und *ce que* indirekte Fragesätze einleiten, wenn nach Sachen gefragt wird. Diese beiden Pronomen leiten auch Relativsätze ein, wenn Sachen (Tätigkeiten . . .) gemeint sind. Wir übersetzen beide Pronomen mit „was“. Woran erkennst du aber, wann du *ce qui* (Subjekt) und wann du *ce que* (direktes Objekt) benutzen musst? Am besten nimmst du hierzu eine kleine Satzanalyse vor:

Zu jedem Verb (Prädikat) gehört ein Subjekt. Ist im Relativsatz kein weiteres Subjekt vorhanden, dann gilt es, diese Stelle mit dem Relativpronomen *ce qui* zu besetzen.

| Hauptsatz | Relativsatz | |
|---|---|---|
| Raconte-moi | **ce qui** | s'est passé. |
| | Subjekt | Verb |

Ist im Relativsatz bereits ein Subjekt vorhanden, dann darf kein weiteres eingesetzt werden. In diesem Fall kann also nur *ce que* als direktes Objekt richtig sein.

| Hauptsatz | Relativsatz | | |
|---|---|---|---|
| Je ne comprends pas | **ce que** | tu | as dit. |
| | dir. O. | Subjekt | Verb |

Dieses Prinzip gilt übrigens genauso für die Relativpronomen *qui* und *que*.*

**3** Un cadeau pour l'anniversaire de Nicolas.
Ergänze im folgenden Text *ce qui* oder *ce que*.

La mère: Tu sais ___________[1] on peut acheter à Nicolas pour son anniversaire?

Le père: Non, je ne vois pas du tout ___________[2] peut lui faire plaisir. Une console de jeu électronique, peut-être?

La mère: Je ne vois pas ___________[3] tu veux dire.

Le père: Mais si, c'est ___________[4] le petit voisin a eu à Noël.

La mère: Un truc Nintendo? Ah, non! Appuyer (drücken) sur des touches (Tasten), c'est tout ___________[5] les jeunes savent faire maintenant! Pas question! Je suis contre tous ces jeux automatiques, électroniques ... Je suis pour ___________[6] demande un peu d'intelligence, de réflexion et de poésie.

Le père: Oui, je sais ... Tu es pour ___________[7] est culturel, intellectuel et naturel. On connaît la chanson. Mais voilà, ce n'est pas ___________[8] les garçons de 14 ans aiment, c'est là tout le problème.

* → Besser in Französisch, Grammatik 2. Lernjahr, Kapitel 11

Diese Übung ist dir sicher nicht schwergefallen. Aber nun gibt es noch ein Problem: Wann werden *ce qui/ce que* und wann werden *qui/que* eingesetzt? Vergleiche:

Voilà le jeu à la mode **qui** plaît aux jeunes.

Voilà la poupée **que** j'ai achetée à Marion.

Je ne vois pas ■ **ce qui** plaît aux jeunes dans ce jeu.

Je ne sais pas ■ **ce que** nous pouvons offrir à Marion.

Du siehst: Die Relativpronomen *qui* und *que* stehen immer nach ihrem Bezugswort im Hauptsatz, das sie vertreten.
*Ce qui* und *ce que* haben dagegen kein nominales Bezugswort bei sich – im Hauptsatz steht also kein Nomen, das sie aufgreifen. Sie beziehen sich immer auf etwas Unbestimmtes und werden deshalb auch „neutrale Relativpronomen" genannt.

Übrigens: *Ce qui* und *ce que* können auch am Anfang eines Satzgefüges stehen.

| | | | |
|---|---|---|---|
| **Ce que**<br>dir. O. | tu<br>Subjekt | dis,<br>Verb | est idiot. |
| **Ce qui**<br>Subjekt | m'<br>dir. O. | intéresse,<br>Verb | c'est les romans policiers. |

4 Un garçon débordé. (Ein gestresster Kellner.)
Entscheide, ob du *ce qui*, *ce que*, *qui* oder *que* einsetzen musst.

1. __________ est bon est souvent cher.
2. Dis-moi __________ te plaît.
3. Je ne sais pas __________ nous allons prendre.
4. Dites-nous __________ va bien comme vin avec le poisson.
5. Prends __________ tu veux en dessert.
6. Garçon, le vin __________ vous nous avez servi n'est pas frais.
7. Ici, c'est bien le patron __________ fait la cuisine.
8. __________ j'aime n'est jamais au menu.
9. Garçon, ce n'est pas le plat __________ j'ai demandé!
10. Tout __________ vous apportez est déjà froid.

# Test

**I** Christine et son journal intime.
Avant sa discussion avec Mme Lagrange, Christine est très inquiète. Toutes sortes de questions lui passent par la tête. Elle les écrit dans son journal intime.
Forme ihre direkten Fragen in indirekte um.

1. Qu'est-ce qu'elle va me demander?
2. Qu'est-ce qui l'intéresse dans mon cas?
3. Qu'est-ce qu'elle pense de mes problèmes?
4. Qu'est-ce qu'elle va dire à mes parents?
5. Qu'est-ce qui l'a poussée (gedrängt) à discuter avec moi?
6. Qu'est-ce qu'elle va me proposer comme solution?
7. Qu'est-ce qui va se passer après la discussion?

*Journal intime*

1. J'aimerais savoir ______________________________
2. Je ne comprends pas ______________________________
3. Je me demande ______________________________
4. Je ne sais pas ______________________________
5. Je vais lui demander ______________________________
6. Je voudrais bien savoir ______________________________
7. Je me demande ______________________________

| 7 points

**II** Discussion autour du PAE (le projet d'activité éducative, Projekttag) du collège sur les SDF (sans domicile fixe, Obdachlose).
Vervollständige die Sprechblasen mit den passenden Relativpronomen.

Il y a un point __________[1] je ne comprends pas.

Quelqu'un peut me dire __________[2] vous avez déjà fait et __________[3] s'est passé à la première réunion?

Pour moi aussi il y a une chose __________[4] n'est pas claire.

Moi aussi, je ne vois pas très bien __________[5] vous voulez dire.

Tu n'as pas écouté __________[6] j'ai dit: C'est le prof d'arts plastiques __________[7] fait les affiches avec nous.

__________[8] nous voulons tous, c'est faire un travail de groupe sur les SDF __________[9] montre clairement notre opinion.

Est-ce qu'on a déjà rédigé les textes __________[10] on va mettre sur les affiches?

Je ne suis pas d'accord pour inviter des hommes politiques __________[11] ne font rien pour les SDF!

C'est ça la réponse __________[12] le maire a écrite? C'est un scandale!

Oui, c'est un scandale __________[13] nous allons montrer!

Fais voir! Montre-moi __________[14] il a écrit!

Mais, est-ce que nous sommes tous d'accord sur __________[15] on veut dire?

Tu sais __________[16] vient de téléphoner?
Un journaliste de «Presse-Eclair»!

| 16 points

**III** Le petit traducteur.

1. Zeige mir, was du gekauft hast.

   ______________________________________________

2. Sind es die Schlüssel, die du vermisst (chercher)?

   ______________________________________________

3. Er denkt sicherlich (sûrement) nicht, was er sagt.

   ______________________________________________

4. Weißt du, wer eben angerufen hat (venir de téléphoner)?

   ______________________________________________

5. Was mich stört (déranger), ist sein Schweigen (silence *m*).

   ______________________________________________

6. Ich frage mich, wen er wohl (bien) in diesem Jugendzentrum (M.J.C. *f*) trifft.

   ______________________________________________

   ______________________________________________

7. Er versteht nie, was man ihm sagt.

   ______________________________________________

Zwei Punkte pro Satz – ein Punkt Abzug pro Fehler.

| 14 points

# 3 Der Infinitiv
## *L'infinitif*

A Der Infinitiv ohne Präposition
B Der Infinitiv mit *à* und *de*
C *laisser faire qc / faire faire qc*
D Infinitive mit den Präpositionen *avant*, *après*, *pour* und *sans*

Le samedi, je peux **regarder** la télé jusqu'à minuit.

On n'a pas encore commencé **à travailler.**

Est-ce que tu as envie **de manger** une glace?

Viele Verben können durch einen Infinitiv ergänzt werden. Wichtig ist dabei, diesen Infinitiv richtig anzuschließen – mit *à*, mit *de* oder ganz ohne Präposition.
Die ersten beiden Abschnitte dieses Kapitels geben dir einen systematischen Überblick darüber, wie du zu der jeweils richtigen Infinitivergänzung kommst.

## A Der Infinitiv ohne Präpositon

Die Gruppe der Verben, bei denen der Infinitiv ohne Präposition angefügt wird, ist die größte, die du dir merken musst. Am besten prägst du dir diese fünf Untergruppen ein:

1 Modalverben + Infinitivergänzung

| | | | | |
|---|---|---|---|---|
| vouloir | faire qc | oser | faire qc | wagen, etw. zu tun |
| pouvoir | | sembler | | etw. zu tun scheinen |
| savoir | | paraître | | etw. zu tun scheinen |
| devoir | | il faut | | man muss etw. tun |

Elle est très courageuse. Elle **ose parler** devant un grand public.

2 Verben der Bewegungsrichtung + Infinitivergänzung

| | | | |
|---|---|---|---|
| aller | faire qc | gehen | um etw. zu tun |
| descendre | | hinuntersteigen | |
| monter | | hinaufsteigen | |
| partir | | weggehen/-fahren | |
| passer | | vorbeigehen | |
| rentrer | | nach Hause gehen | |
| retourner | | zurückkehren | |
| sortir | | hinausgehen | |
| venir | | kommen | |
| courir | | laufen | |

Tu ne comprends pas les problèmes de maths? Attends, je **viens t'aider**.

3 Verben des Denkens und Meinens + Infinitivergänzung

| | | | |
|---|---|---|---|
| croire | faire qc | glauben | etw. zu tun |
| espérer | | hoffen | |
| s'imaginer | | sich einbilden | |
| penser | | glauben, beabsichtigen | |
| compter | | rechnen mit, beabsichtigen | |
| affirmer | avoir fait qc | bestätigen, versichern | etw. getan zu haben |
| assurer | | behaupten, versichern | |

Avec son diplôme, il **espère trouver** du travail.

4 Verben der Willensäußerung und des Empfindens + Infinitivergänzung

| | | |
|---|---|---|
| désirer | faire qc | wünschen, etw. zu tun |
| vouloir | | etw. tun wollen |
| il faut | | man muss etw. tun |
| aimer | | gerne etw. tun |
| aimer mieux | | lieber etw. tun |
| détester | | verabscheuen, etw. zu tun |
| préférer | | bevorzugen, etw. zu tun |

Je **déteste écouter** la musique Rap.

5 Verben der Wahrnehmung + direktes Personenobjekt + Infinitivergänzung

| | | | |
|---|---|---|---|
| écouter | qn faire qc | zuhören | wie jd. etw. tut |
| entendre | | hören | |
| regarder | | beobachten | |
| voir | | sehen | |
| sentir | | fühlen | |

Toute la nuit, on **entendait** le bébé **pleurer**.

1 Un cas compliqué.
M. Steiner, un commissaire allemand, travaille avec son collègue, le commissaire Naigret. M. Steiner explique les détails d'un cas compliqué. Mais, il y a un problème … la langue!
Stell dir vor, du bist sein Dolmetscher.

1. Er hat das Auto genommen und ist weggefahren, um Einkäufe zu machen.

_______________________________________________

2. Ich glaube nicht, seine Frau zu Hause anzutreffen.

_______________________________________________

3. Die Hausmeisterin hat zugesehen, wie seine Frau die Post (courrier *m*) geöffnet hat.

_______________________________________________

4. Ich verabscheue es, Menschen zu überwachen (surveiller).

_______________________________________________

5. Er scheint zu verstehen, dass seine Frau sich in einer gefährlichen Situation befindet.

_______________________________________________

_______________________________________________

6. Aber ich wage noch nicht, diese Frau zu verhaften (arrêter).

_______________________________________________

# B Der Infinitiv mit *à* und *de*

- **Der Infinitiv mit *à***

Innerhalb der Gruppe von Verben, bei denen der Infinitiv mit der Präposition *à* angeschlossen wird, gibt es vier Untergruppen.

1 Verben + *à*-Infinitivergänzung

| | | | |
|---|---|---|---|
| apprendre | } à faire qc | lernen | } etw. zu tun |
| arriver | | gelingen | |
| chercher | | versuchen | |
| commencer | | beginnen | |
| continuer | | fortfahren | |
| demander | | verlangen | |
| servir | | zu etw. dienen | |
| avoir qc | à faire | etw. zu tun haben | |

Je n'arrive pas **à ouvrir** cette boîte.

2 Verben + direktes Personenobjekt + *à*-Infinitivergänzung

| | | | |
|---|---|---|---|
| aider qn<br>amener qn<br>inviter qn<br>obliger qn | à faire qc | jdm. helfen<br>jdn. dazu bringen<br>jdn. einladen<br>jdn. verpflichten | etw. zu tun |

Mme Naigret: «On invite **M. Steiner à dîner**?»

3 Verben + indirektes Personenobjekt + *à*-Infinitivergänzung

| | | | |
|---|---|---|---|
| apprendre à qn<br>montrer à qn | à faire qc | jdm. beibringen<br>jdm. zeigen | etw. zu tun |

Un bon professeur montre **aux élèves à trouver** les fautes eux-mêmes.

4 Reflexive Verben + *à*-Infinitivergänzung

| | | |
|---|---|---|
| s'amuser<br>s'attendre<br>se décider<br>s'habituer<br>s'intéresser<br>se mettre | à faire qc | sich die Zeit vertreiben mit<br>gefasst sein auf<br>sich entscheiden zu<br>sich gewöhnen an<br>sich interessieren für<br>anfangen, beginnen |

Je ne peux pas **m'habituer à travailler** pendant la nuit.

- **Der Infinitiv mit *de***

Die Gruppe der Verben, bei denen der Infinitv mit *de* angeschlossen wird, ist in fünf Unterguppen zu unterteilen.

1 Verben + *de*-Infinitivergänzung

| | | | |
|---|---|---|---|
| arrêter<br>décider<br>essayer<br>finir<br>oublier | de faire qc | aufhören<br>entscheiden<br>versuchen<br>aufhören<br>vergessen | etw. zu tun |
| regretter | d'avoir fait qc | bedauern, | etw. getan zu haben |

Et tu n'oublies pas **de fermer** le poste de télévision.

2 Verben + direktes Personenobjekt + *de*-Infinitivergänzung

| | | | |
|---|---|---|---|
| empêcher qn<br>féliciter qn<br>prier qn<br>remercier qn | de faire qc | jdn. hindern<br>jdn. beglückwünschen<br>jdn. bitten<br>jdm. danken | etw. zu tun |

Je ne peux pas **empêcher Christine de partir** seule.

3 Verben + indirektes Personenobjekt + *de*-Infinitivergänzung

| | | | |
|---|---|---|---|
| conseiller à qn | de faire qc | jdm. raten | etw. zu tun |
| demander à qn | | jdn. bitten | |
| dire à qn | | jdm. sagen | |
| offrir à qn | | jdm. anbieten | |
| permettre à qn | | jdm. erlauben | |
| promettre à qn | | jdm. versprechen | |
| proposer à qn | | jdm. vorschlagen | |

J'ai promis **à mes parents de rentrer** à 23 heures.

4 Reflexive Verben + *de*-Infinitivergänzung

| | | | |
|---|---|---|---|
| s'excuser | de faire qc | sich entschuldigen | etw. zu tun |
| se dépêcher | | sich beeilen | |
| s'occuper | | dafür Sorge tragen | |
| se souvenir | d'avoir fait qc | sich erinnern | etw. getan zu haben |

Vite, Aurélie, dépêche-toi **de terminer** tes devoirs!

5 Folgende Ausdrücke + *de*-Infinitivergänzung

| | | | |
|---|---|---|---|
| avoir envie | de faire qc | Lust haben | etw. zu tun |
| avoir peur | | Angst haben | |
| avoir raison | | Recht haben | |
| avoir le droit | | das Recht haben | |
| avoir le temps | | Zeit haben | |
| être en train | | dabei sein | |

«100 000 euros? Super!» «Tu vois, j'ai eu raison **de jouer** au loto.»

Sicher hast du längst erkannt, dass dir nichts anderes übrigbleibt, als diese Verbgruppen zu lernen. Du kannst dir das Lernen aber erleichtern, wenn du alle hier aufgeführten Verben auf kleine, durchnummerierte Kärtchen schreibst:

- Auf der Vorderseite notierst du nur die Verben (ohne Präposition, ohne die Infinitivergänzung und ohne die dazugehörigen Objekte).
- Auf die Rückseite schreibst du die Infinitivergänzung mit der Präposition (wenn vorhanden) und die Objektergänzungen.

Vorderseite:

```
-36--------------
    proposer
```

Rückseite:

```
--------------36-
   à qn de
   faire qc
```

Zum Lernen drehst du alle Kärtchen auf die Vorderseite und mischst sie. Nun notierst du nacheinander auf einem Blatt zunächst die Kartennummer und dann zu jedem Verb die richtige Infinitivergänzung sowie die richtige Objektergänzung (falls vorhanden). Anschließend überprüfst du deine Ergebnisse mithilfe der Rückseiten.

**2** On cherche le champion ou la championne de l'infinitif!
Durchleuchte die „Verbkoffer“, und notiere das Verb, das nicht dazugehört. Trage dann in das „Namensschild“ den Infinitivanschluss der übrigen Verben ein.

1. arrêter, s'occuper, regretter, apprendre, essayer, avoir raison

apprendre à faire qc

2. arriver, se mettre, continuer, servir, proposer

3. demander, offrir, conseiller, dire, montrer

4. aider, féliciter, amener, inviter, obliger

5. s'excuser, se dépêcher, se souvenir, s'habituer

6. avoir envie, avoir, avoir le droit, être en train, avoir le temps

**3** La correspondance mystérieuse.
Le commissaire Naigret a reçu une disquette sans expéditeur (Absender). Mais il n'arrive pas à comprendre le texte parce que les bouts de phrase ne correspondent pas. Un vrai puzzle!
Bringe die Sätze mit Hilfe der Infinitivanschlüsse in die richtige Reihenfolge und notiere sie anschließend auf einem Blatt Papier.

1. N'osez pas
2. Il faut continuer
3. Nous avons bien vu
4. Vous regrettez peut-être
5. Nous nous intéressons
6. Nous vous conseillons
7. On a tout notre temps
8. N'essayez pas
9. Nous pouvons obliger

a) de cacher vos autres affaires. On les connaît.
b) vos «clients» à se présenter à la police.
c) nous créer des problèmes.
d) à connaître quelques-uns de vos clients.
e) votre complice sortir du garage.
f) de vous jouer un mauvais tour.
g) à jouer cette comédie.
h) de garder le silence sur la disparition des 5 millions dans votre banque.
i) d'avoir commis ce crime.

1._c_ 2.___ 3.___ 4.___ 5.___ 6.___ 7.___ 8.___ 9.___

**4** Une journée infernale.
Commissaire Naigret doit partir en voyage. Il explique à son assistant ce qu'il doit faire.
Wandle die Imperative in Infinitive um.

«Tapez ces quatre lettres. Surveillez Mme Clignot. Montrez au nouveau stagiaire (Praktikant) comment il doit remplir les formulaires. Retrouvez cette jeune fille disparue depuis la semaine passée. Allez à l'hôpital St.-Jean et interrogez l'agent de police blessé samedi soir. Vérifiez (überprüfen) toutes les informations dans l'affaire du sang contaminé (verseuchtes Blut).»

Je ne sais pas comment je vais faire!!

1. Il me demande ____________ ces quatre lettres.
2. Je dois continuer ______________________________
3. En plus, je vais montrer ______________________________

   ______________________________
4. Bien sûr, je vais essayer ______________________________

   ______________________________
5. Ensuite, je vais passer ______________________________

   ______________________________
6. Et quand est-ce que je vais m'occuper ______________________________

   ______________________________

# C *laisser faire qc / faire faire qc*

Die beiden Infinitivkonstruktionen *laisser faire qc* und *faire faire qc* gehören eigentlich zur Gruppe der Infinitive ohne Präposition. Es gibt bei ihnen jedoch zwei Besonderheiten zu beachten, die in diesem Abschnitt erläutert und geübt werden.
Konzentrieren wir uns zunächst auf den inhaltlichen Unterschied zwischen *laisser faire qc* und *faire faire qc*.

Deux professeurs, deux opinions (Meinung):

Professeur A: Dans la dernière heure, je **laisse** discuter les élèves entre eux.

Professeur B: Ah non, moi pas, je les **fais** travailler.

Lehrerin A lässt zu, dass die Schüler diskutieren, während Lehrer B die Schüler veranlasst zu arbeiten.

| | | |
|---|---|---|
| laisser faire qc | – | zulassen, etw. zu tun |
| faire faire qc | – | jdn. veranlassen, etw. zu tun |

Diesen inhaltlichen Unterschied solltest du zunächst einüben.

5 Des professeurs entre eux.
Setze *laisser* oder *faire* sinngemäß ein.

A: Pendant la récréation, je ______________[1] courir les élèves. Ça leur fait du bien.

B: Oui, bien sûr; mais moi, je leur ______________[2] aussi nettoyer la cour.
Qu'est-ce qu'ils ______________[3] tomber comme papiers, boîtes, chewing-gum ...!

A: Ça c'est vrai. L'autre jour, je leur ai ______________[4] écrire une histoire avec le titre «Les éboueurs (Müllmänner) sont partis sur une autre planète»!

B: Vous savez, c'est la faute aux parents; ils ______________[5] les enfants faire ce qu'ils veulent.

A: Oui, mais c'est aussi la télévision qui ______________[6] croire aux jeunes que la vie est très facile.

B: On devrait leur ______________[7] voir de bons films à l'école.

A: Je pense comme vous. Mais notre proviseur est contre la télé à l'école.
Il ne nous ______________[8] pas travailler avec des films!!

Diese Übung war sicher problemlos zu bewältigen. Schauen wir uns nun die Satzstellung bei diesen beiden Verben genauer an.

Sätze mit einem Objekt:

| | |
|---|---|
| Jusqu'à neuf heures, je laisse jouer **la petite**.<br>Après, je fais ranger **la petite**. | Das Objekt folgt unmittelbar auf den Infinitiv. |

Sätze mit zwei Objekten:

| | |
|---|---|
| Puis, je laisse **la petite** écouter sa musique préférée. | Das Personenobjekt kann sich zwischen *laisser* und Infinitiv schieben. |
| Enfin, je fais **dire** une prière **à la petite**. | Auf *faire* folgt der Infinitiv immer unmittelbar. Das Personenobjekt wird zum indirekten Objekt. |

Verwandelt man das Personenobjekt in ein Objektpronomen, ergibt dies:

| | |
|---|---|
| Puis, je **la laisse** écouter sa musique préférée. | Das Objektpronomen wandert vor *laisser* bzw. *faire*. |
| Enfin, je **lui fais** dire une prière. | Bei *faire* handelt es sich um das indirekte Objektpronomen. |

Das waren relativ viele Regeln auf einmal. Mal sehen, ob du sie schon umsetzen kannst.

6 Agathe fait du baby-sitting.
Agathe s'occupe de deux enfants, un garçon de sept ans et une fille de cinq ans. La semaine prochaine, elle va partir pour quelques jours. Sa copine va la remplacer. Agathe lui explique comment elle fait.
Vervollständige Agathes Erklärungen mithilfe der Angaben am Rand. Setze jedes Mal, wenn es möglich ist, ein Objektpronomen ein.

1. «Dans un premier temps, je ____________________ ________________________________ — laisser regarder/ des cassettes vidéos/ les enfants

   Ainsi je suis tranquille et je peux terminer mes devoirs.

2. Parfois (manchmal), ____________________ ________________________________ — laisser surfer à l'Internet/ le garçon

   De toute façon, le vieux n'utilise jamais l'Internet.

3. S'il y en a un qui pleure, ____________________ ________________________________ — faire descendre dans la cave

4. Vers sept heures, ____________________ ________________________________ — faire manger du riz/ les enfants

   Ils ne veulent jamais manger les plats de légumes que la mère a préparés.

5. Après, ____________________ ________________________________ — faire ranger la cuisine/la fille

   Tout de même, je ne suis pas la femme de ménage (Putzfrau).

6. Si les enfants sont trop turbulents, ____________________ ________________________________ — laisser boire un peu de vin rouge

   Comme ça, ils se calment vite.

7. Vers neuf heures, ______________________________ faire prendre une
______________________________ douche

8. Quand ils sont au lit, ______________________________ laisser lire
jusqu'à onze heures.

9. Parfois, la fille ne veut pas rester au lit. Alors, faire coucher sous
______________________________ le lit
Et tu vas voir, au bout de quelques secondes,
mademoiselle rentre au lit et ne sort plus!!»

# D Infinitive mit den Präpositionen *avant, après, pour* und *sans*

Unter bestimmten Umständen ist es besser, anstelle zweier Sätze nur einen Satz mit einer Infinitivergänzung zu gebrauchen:

| | | |
|---|---|---|
| D'abord vous buvez «Brasilia». Ensuite vous commencez votre journée de travail. | Buvez «Brasilia» **avant de commencer** votre journée de travail! | ① |
| Vous prenez votre douche. Après, vous prenez «Crémalie». | Utilisez «Crémalie» **après avoir** pris votre douche! | ② |
| Vous voulez arriver à l'heure? Prenez le métro! | Prenez le métro **pour arriver** à l'heure! | ③ |
| Vous achetez la «Nouvelle Génération» et vous ne perdrez pas votre temps. | Achetez la «Nouvelle Génération» **sans perdre** votre temps. | ④ |

Es ist ganz klar, dass nicht nur Werbefachleute anstelle zweier Sätze lieber einen Satz benutzen, weil diese Formulierung knapper und stilistisch eleganter ist. Allerdings ist die Verbindung zweier Sätze nur unter bestimmten Voraussetzungen möglich:

1. Zwischen den beiden Sätzen, die miteinander verbunden werden, muss eine Beziehung bestehen:
   - eine temporale Beziehung wie in Satz ① und ②,
   - eine finale Beziehung wie in Satz ③ oder
   - eine modale Beziehung wie in Satz ④.
2. Beide Sätze müssen das gleiche Subjekt haben.

Außerdem musst du bei der Bildung dieser Sätze Folgendes beachten:

- Nach *après* steht immer der Infinitiv Perfekt.

  Après **être passée** au supermarché elle rentre chez elle.

- Nach *sans* steht manchmal der Infinitiv Perfekt.

  Je suis passé à côté de lui sans l'**avoir reconnu**.

- Die Elemente der Verneinung stehen geschlossen vor dem Infinitiv.

  Je prends le métro pour **ne pas** perdre de temps.

- Nur *avant* wird von *de* begleitet. Auf *après, pour* und *sans* folgt der Infinitiv direkt.

7 La mousse au chocolat – une recette qui réussit (gelingt) toujours.
Verbinde beide Sätze, indem du eine Infinitivergänzung benutzt, die mit der angegebenen Präposition beginnt.

1. Vous voulez faire fondre le chocolat? Il faut préparer un bain-marie (Wasserbad). (pour)

   Pour faire fondre le chocolat

2. Vous faites monter les blancs d'œufs en neige. Mais avant, vous séparez les blancs des jaunes. (avant)

3. Vous avez fait fondre le chocolat. Après vous ajoutez un peu d'eau. (après)

4. Ajoutez les jaunes d'œufs. Mais n'attendez pas trop longtemps. (sans)

5. Continuez votre préparation. Mais avant, prenez un autre saladier. (avant)

6. Versez la crème de chocolat dans ce saladier. Ajoutez après les blancs en neige par cuillère. (après)

7. Mélangez doucement la crème. Ainsi vous obtenez une mousse bien légère. (pour)

8. Vous avez terminé le mélange? Mettez la crème au frigidaire. (après)

Bon appétit!

# Test

I Quel avenir pour Agathe?
Agathe est en troisième au collège. Bientôt, elle va passer au lycée. Mais elle ne sait pas quel type de bac(calauréat) elle devrait choisir. Elle va voir M. Delvaux, conseiller pédagogique. Voici leur discussion.
Setze die richtigen Verbformen und die erforderlichen Infinitivergänzungen ein.

M. Delvaux: Eh bien, Agathe, qu'est-ce que tu ____________________[1] (penser) faire dans la vie?

Agathe: Vous savez, M. Delvaux, pour dire la vérité, j'____________________[2] (avoir envie) ne rien faire. Bien sûr, mes parents veulent m' ________________[3] (obliger) apprendre un métier sûr … coiffeuse ou secrétaire. Quelle galère (Sklavenarbeit), ces métiers-là.

M. Delvaux: Tes parents ____________________[4] (avoir raison) s'occuper de ton avenir!

Agathe: Oui, mais je ______________[5] (préférer) me débrouiller toute seule. J'ai ______________[6] (apprendre) jongler, ___ marcher sur un fil, ___ faire quelques tours d'acrobatie. Je me suis _________________[7] (s'amuser) dresser notre chien.

M. Delvaux: Mmh, je te ___________[8] (voir) déjà travailler dans un cirque ou un cabaret.

Agathe: Ah merci, M. Delvaux, vous êtes quelqu'un qui _________________[9] (essayer) me comprendre. Mais dites-moi, comment est-ce que je vais ________________[10] (arriver) convaincre (überzeugen) mes parents?

M. Delvaux: Ecoute, Agathe, ______________[11] (il faut) être sérieux. A ton âge, moi aussi, j'ai ______________[12] (espérer) faire autre chose. Mais après le bac, j'ai compris. J'ai ________________[13] (arrêter) rêver et je _________________________[14] (se mettre) faire des études. Bien sûr, tu _______________________[15] (avoir le droit) avoir des projets fantaisistes …

Agathe: Non, et non, je ne veux plus en _________________[16] (entendre) parler. Vous aussi, vous m'____________________[17] (empêcher) faire qc d'intéressant.

M. Delvaux: Bon, Agathe, je _______________________[18] (promettre) réfléchir à ton problème.

| 18 points

**II** Le petit traducteur oder: Wie übersetzt man „lassen"?

1. Ich lasse die Schüler ihre schriftlichen Arbeiten (travaux écrits) korrigieren.
2. Lassen Sie Ihr Kind nicht zu viel fernsehen.
3. Ich lasse meine Kinder das Zimmer aufräumen.
4. Meine Eltern lassen mich mit meinem Freund verreisen. Aber sie lassen mich die Reise bezahlen.
5. Seit 1992 lassen wir die Reisenden ohne Kontrolle passieren.
6. Wo sind die Sprayer (les tagueurs)? Lassen Sie sie hereinkommen.

1. Un professeur: ______________________________

2. Un conseil: ______________________________

______________________________

3. Une mère: ______________________________

4. Une jeune fille: ______________________________

______________________________

______________________________

5. Un douanier: ______________________________

______________________________

6. Un commissaire: ______________________________

| 7 points

**III** Etre secrétaire – un métier de rêve?

Valérie vient d'avoir son diplôme. C'est sa première journée de travail. Son patron lui explique tout. Elle prend des notes (mitschreiben). A quatre heures de l'après-midi, elle n'en peut plus. Sa tête lui tourne.

Verbinde die Aktivitäten jeweils mit der passenden Präposition (*avant, après, pour* oder *sans*) zu einer Infinitivkonstruktion.

1. mettre les lettres à la poste – classer les photocopies
2. poser les lettres sur son bureau – trier le courrier (Post sortieren)
3. donner des renseignements au téléphone – avoir moins de clients au bureau
4. poser des questions dans des cas difficiles – ne pas oublier de chercher des renseignements sur l'ordinateur
5. organiser des conférences – prendre contact avec les chefs de départements (Abteilungsleiter)
6. prendre ma pause à midi – puis préparer du café pour le chef
7. ne pas rester trop longtemps en dehors de mon bureau – pouvoir répondre au téléphone
8. travailler vite – ne pas faire de fautes

1. *Après avoir mis les lettres à la poste, je vais classer les photocopies.*
2. ______________________________________________

______________________________________________
3. ______________________________________________

______________________________________________
4. ______________________________________________

______________________________________________
5. ______________________________________________

______________________________________________
6. ______________________________________________

______________________________________________
7. ______________________________________________

______________________________________________
8. ______________________________________________

| | 8 points |

# 4 Das Adjektiv *L'adjectif*

A Wechselnde Bedeutung bei Voran- und Nachstellung
B Adjektive mit Ergänzung

## A Wechselnde Bedeutung bei Voran- und Nachstellung

Wie du schon weißt, gibt es Adjektive, die ihren Platz grundsätzlich vor dem Nomen haben (un **petit** chien), und solche, die hinter dem Nomen stehen (un roman **intéressant**).*
In diesem Abschnitt geht es um Adjektive, die sowohl vor als auch hinter dem Nomen stehen können – je nach Stellung ändert sich aber ihre Bedeutung. Einige dieser Adjektive kennst du bestimmt schon.

Ma **chère** Françoise!
Meine liebe Françoise!

La Peugeot 607 est une voiture **chère**.
Der Peugeot 607 ist ein teures Auto.

Am besten lernst du die folgenden Adjektive gleich mit ihrer unterschiedlichen Bedeutung. Es sind allerdings nur die wichtigsten aufgeführt.

| **avant le nom** | **adjectif** | **après le nom** |
|---|---|---|
| un **ancien** collègue (ein ehemaliger Kollege) | ancien,ne | une locomotive **ancienne** (eine alte Lokomotive) |
| un **certain** âge (ein gewisses Alter) | certain,e | un résultat **certain** (ein sicheres Resultat) |
| le **dernier** bus (der letzte Bus) | dernier, dernière | l'année **dernière** (das vorige Jahr) |
| un **méchant** rhume (eine schlimme Erkältung) | méchant, e | un chien **méchant** (ein bösartiger Hund) |
| un **pauvre** type (ein bedauernswerter Typ) | pauvre | un pays **pauvre** (ein armes Land) |

* → Besser in Französisch, Grammatik 1. Lernjahr, Kapitel 12C

| | | |
|---|---|---|
| mon **propre** cahier<br>(mein eigenes Heft) | propre | une serviette **propre**<br>(eine saubere Serviette) |
| un **sacré** menteur<br>(ein verdammter Lügner) | sacré,e | un endroit **sacré**<br>(ein heiliger Ort) |
| une **sale** affaire<br>(eine üble Sache) | sale | une assiette **sale**<br>(ein schmutziger Teller) |
| une **seule** fois<br>(ein einziges Mal) | seul,e | une personne **seule**<br>(eine einsame Person) |
| un **vrai** problème<br>(ein regelrechtes Problem) | vrai,e | une histoire **vraie**<br>(eine wahre Geschichte) |
| **différentes*** personnes<br>(verschiedene Personen) | différent,e | des opinions **différentes**<br>(unterschiedliche Meinungen) |

* *Différentes* ist hier wie *les/des personnes* Begleiter.

1 Que veut dire . . .?
Übersetze die folgenden Formen und kreuze dazu an, ob das Adjektiv vor oder nach dem Nomen steht. Vergiss nicht die richtigen Begleiter zu setzen.

| | vor | nach | |
|---|---|---|---|
| 1. im vorigen Monat | ☐ | ☐ | ______________________ |
| 2. eine bedauernswerte Familie | ☐ | ☐ | ______________________ |
| 3. alte Möbel | ☐ | ☐ | ______________________ |
| 4. zwei unterschiedliche Sachen | ☐ | ☐ | ______________________ |
| 5. ein sauberes Hemd | ☐ | ☐ | ______________________ |
| 6. eine üble Geschichte | ☐ | ☐ | ______________________ |
| 7. eine bösartige Person | ☐ | ☐ | ______________________ |
| 8. unser eigenes Auto | ☐ | ☐ | ______________________ |
| 9. ein regelrechtes Geschenk | ☐ | ☐ | ______________________ |
| 10. eine sichere Information | ☐ | ☐ | ______________________ |
| 11. sein einziger Freund | ☐ | ☐ | ______________________ |
| 12. ein verdammter Lügner | ☐ | ☐ | ______________________ |

Bevor du dich an die nächste Übung machst, solltest du dir die allgemeine Regel für die Stellung der Adjektive noch einmal vergegenwärtigen, denn nun werden alle Möglichkeiten gemischt.

> Die meisten Adjektive stehen hinter dem Nomen. Nur wenige, meist einsilbige Adjektive wie *petit*, *grand* oder *joli* stehen vor dem Nomen.

2 Un drôle de voisin …
Trage die Adjektive entsprechend der Regel bzw. ihrer Bedeutung an der richtigen Stelle vor oder hinter dem Nomen ein. Dabei musst du das Adjektiv natürlich dem Nomen, auf das es sich bezieht, angleichen.

| | |
|---|---|
| Mme Grandcœur, une ________ locataire[1] ________ | vieux[1] |
| au numéro 50 de l'avenue Coulaincourt est une | |
| ________________ femme[2] ________________. | très curieux[2] |
| Elle n'a jamais compris pourquoi son ___________ | nouveau[3] |
| voisin[3] ___________ ne sort presque jamais, ne reçoit pas | |
| de visites … rien. Mais maintenant elle sait: c'est un _______ | seul[4] |
| homme[4] _______. Il y a quelques années, il avait un | |
| _____________ poste[5] _____________ dans la police; | important[5] |
| il était engagé dans la _____________ lutte[6] (Kampf) | dangereux[6] |
| _____________ contre la drogue. «Vous savez, la drogue, | |
| c'est une _______ affaire[7] _______ », raconte-t-il. «J'ai recherché | sale[7] |
| un ___________ homme[8] ___________, qui employait des | très riche[8] |
| _________ types[9] _________ pour vendre _____________ | pauvre[9] |
| sortes[10] _____________ de drogues. Ces _________ gens[11] | différent[10] |
| _________ étaient sous son contrôle parce qu'une _______ | jeunes[11] |
| fois[12] _______ qu'ils avaient commencé à prendre cette | seul[12] |
| ___________ chose[13] ___________ ils en devenaient | méchant[13] |
| dépendants.» | |
| «Et vous avez pu arrêter ce _________ criminel[14] _________?» | grand[14] |
| demande Mme Grandcœur. «Eh non», répond le commissaire d'un | |
| _________ air[15] _________. «Au contraire, j'ai trouvé que mon | triste[15] |
| _________ fils[16] _________ faisait ce _________ boulot[17] | propre[16] |
| (Job) _________. Alors là, j'ai abandonné mon poste, j'ai pris ma | sacré[17] |

retraite (in Rente gehen). J'essaie d'oublier et de commencer une

____________ vie[18] ____________.» Mme Grandcœur ne sait — nouveau[18]

pas comment répondre: «Oh la la, la drogue, c'est une

__________ épidémie[19] __________!!» — vrai[19]

# B Adjektive mit Ergänzung

Du weißt, dass Ergänzungen bei den Verben häufig mit *à* und *de* angeschlossen werden. Auch bei einer Reihe von Adjektiven werden Ergänzungen mit diesen Präpositionen angefügt.
In diesem Abschnitt sind die gebäuchlichsten Adjektive mit Ergänzungen zusammengestellt – aber auch dies ist nur eine Auswahl. Wenn du in Zukunft ein neues Adjektiv kennenlernst, ist es darum das Beste, gleich die zugehörige Präposition mitzulernen.

- **Ergänzungen mit *de***

Bei den meisten Adjektiven, die eine Ergänzung bei sich haben, wird diese mit der Präposition *de* angeschlossen.

Adjektiv + ***de*** + nominale Ergänzung

| | |
|---|---|
| Paulette est **amoureuse de** Paul. | (verliebt in) |
| Paul est **jaloux de** Victor. | (eifersüchtig auf) |
| L' Allemagne est **différente de la** France. | (verschieden von) |
| Les falaises sont **caractéristiques de la** côte. | (charakteristisch für) |
| Les crêpes sont un plat **typique de la** Bretagne. | (typisch für) |
| Ta copie (Arbeit) est **pleine de** fautes. | (voll von) |
| Mon grand-père est **âgé de** 80 ans. | (Jahre alt) |
| Cet appartement est **large de** 60 mètres carrés. | (groß) |
| Le corridor est **long de** trois mètres. | (breit) |
| Les murs sont **hauts de** deux mètres. | (hoch) |

Adjektiv + ***de*** + nominale Ergänzung / Infinitiv-Ergänzung

| | |
|---|---|
| Notre professeur est **capable de** compréhension.<br>Il est **capable de** comprendre nos problèmes. | (fähig zu) |
| Je suis **étonné/surpris de** son comportement.<br>je suis **étonné/surpris de** le renconter. | (überrascht/erstaunt über) |

| | |
|---|---|
| Ma mère est **heureuse de** mon retour.<br>Elle est **heureuse de** pouvoir m'embrasser. | (glücklich über) |
| Mon père est **content de** mes connaissances.<br>Il est **content de** pouvoir discuter avec moi. | (froh über/zufrieden mit) |
| Mon frère est **fier des** timbres que j'ai apportés.<br>Il est **fier de** pouvoir montrer les timbres aux autres. | (stolz/auf) |

- **Ergänzungen mit *à***

Bei manchen Adjektiven wird die Ergänzung mit der Präposition *à* angeschlossen.

Adjektiv + ***à*** + nominale Ergänzung / Infinitiv-Ergänzung

| | |
|---|---|
| Paulette est **fidèle à** Victor. | (treu) |
| L' Autriche est un peu **pareille à** l' Allemagne. | (ähnlich) |
| Le squash est **comparable au** tennis. | (vergleichbar mit) |
| Rouler à 80 km/h en ville est **contraire au** code de la route (Straßenverkehrsordnung). | (im Widerspruch zu) |
| Je ne suis pas **prêt,e à** payer les amendes (Bußgeld). | (bereit zu) |

- **Ergänzungen mit *avec, pour* oder *envers***

Bei Adjektiven, die ein Verhalten einer Person gegenüber beschreiben, wird die Ergänzung mit *avec*, *pour* oder *envers* eingeleitet.

| | | | |
|---|---|---|---|
| être | bon | avec/envers qn | (gut zu) |
| | sévère | avec/envers qn | (streng zu) |
| | méchant | avec/envers qn | (böse, boshaft zu) |
| | gentil | avec qn | (nett zu) |
| | charmant | avec/envers qn | (liebenswürdig zu) |
| | im/poli | avec/envers qn | (un/höflich zu) |

Nur mit *pour* wird die Ergänzung bei folgenden Adjektiven angeschlossen:

| | | | |
|---|---|---|---|
| être | célèbre<br>réputé | pour qc | (berühmt, bekannt für) |

Die Präposition *en* musst du dir hier nur im Zusammenhang mit dem Adjektiv *fort* merken.

| | |
|---|---|
| Il est **fort en** sport. | (stark, gut in) |

3 Une coupe surprise.
Was ist schon ein Eisbecher ohne Garnierung? In der Eisschale findest du die Adjektive für diese Übung – und zum Garnieren hast du einige Präpositionen zur Auswahl. In einigen Fällen musst du den unbestimmten Artikel hinzufügen. Denke auch daran, die Adjektive den Nomen anzugleichen.

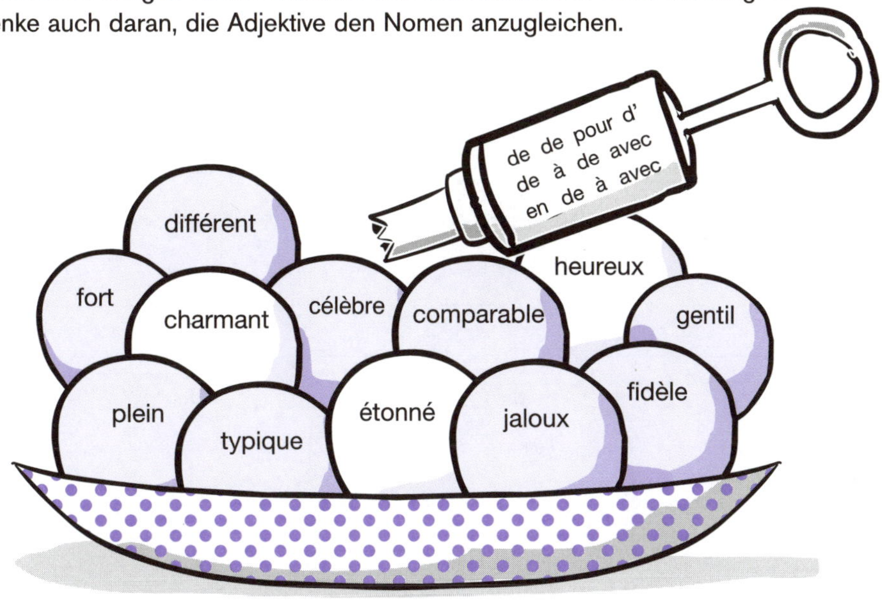


1. La crêperie «Boule de neige» est ____________ ________ ses glaces et ________ ses crêpes, bien sûr.
2. Mais c'est une crêperie bien ____________ _____ autres cafés de la ville.
3. Chaque après-midi, elle est __________ _____ jeunes gens du lycée d'en face.
4. Ils sont __________ _____ patron qui est très __________ ________ eux.
5. Des coupes de glace énormes, des prix raisonnables (vernünftig), de la musique qui plaît aux jeunes, tout ça c'est ____________ ________ «Boule de neige».
6. En plus, cette crêperie est presque ___________ _____ une M. J. C.
7. Il ne faut pas être __________ _____ voir le patron en discussion avec les jeunes.
8. Autrefois (früher), il était ________ _____ philosophie.
9. Parfois, sa femme est __________ _____ lui parce qu'il est trop _______________ ________ les jeunes filles qui ont des problèmes à la maison.
10. Bien sûr, les jeunes filles sont _______________ _____ avoir quelqu'un à qui parler. Et puis, il y a des coupes surprise!!

**4** Quel adjectif correspond à quelle préposition?
Füge die Adjektive und Präpositionen richtig zusammen.

| | |
|---|---|
| 1. sévère | à |
| 2. fort,e | de |
| 3. comparable | avec |
| 4. fier, fière | pour |
| 5. caractéristique | en |
| 6. fidèle | envers |
| 7. poli,e | à |
| 8. jaloux,se | de |
| 9. célèbre | de |

| | | |
|---|---|---|
| 1. ______ | 4. ______ | 7. ______ |
| 2. ______ | 5. ______ | 8. ______ |
| 3. ______ | 6. ______ | 9. ______ |

# Test

**I** Du hast nun die Besonderheiten einer Reihe von Adjektiven kennengelernt. Nun sollst du dein Können unter Beweis stellen. Ergänze für jedes Adjektiv die zutreffende Übersetzung und – wenn vorhanden – die zugehörige Präposition.

| | avant le nom | | après le nom | | préposition |
|---|---|---|---|---|---|
| 1. méchant,e | X | schlimm | X | bösartig | avec, envers |
| 2. fier, fière | | | | | |
| 3. âgé,e | | | | | |
| 4. certain,e | | | | | |
| 5. large | | | | | |
| 6. pareil,le | | | | | |
| 7. vrai,e | | | | | |
| 8. ancien,ne | X | ehemalig | X | alt | – |
| 9. célèbre | | | | | |
| 10. sacré,e | | | | | |
| 11. surpris,e | | | | | |

9 points

**II** Le petit traducteur.
Mme Grandcœur vertraut ihrer Freundin Mme Rioux einiges über ihren neuen Nachbarn an.

1. Er ist ein ehemaliger Kommissar, der für seinen Mut sehr berühmt war.

______________________________________________

______________________________________________

2. Er ist 55 Jahre alt.

______________________________________________

3. Er war sehr streng gegenüber seinen Kollegen.

______________________________________________

4. Er war immer sehr glücklich, den armen Schluckern (types) zu helfen.

______________________________________________

______________________________________________

5. Dieses Verhalten (comportement *m*) war charakteristisch für ihn.

______________________________________________

6. Aber im vorigen Jahr hat er entdeckt, dass sein eigener Sohn Drogen verkauft.

______________________________________________

______________________________________________

7. Seit diesem Moment war er nicht mehr bereit, seinen Job (boulot *m*) weiterzumachen.

______________________________________________

______________________________________________

14 points

# 5 Das Adverb
## *L'adverbe*

A Ursprüngliche und abgeleitete Adverbien
B Der Unterschied zwischen Adverb und Adjektiv
C Adverbial gebrauchte Adjektive
D Die Stellung des Adverbs im Satz

## A Ursprüngliche und abgeleitete Adverbien

Bisher hast du schon eine recht ansehnliche Zahl einfacher oder ursprünglicher Adverbien kennengelernt.* Die folgenden sind dir inzwischen bestimmt geläufig.

| Adverbien | | |
|---|---|---|
| der Zeit | alors | also, nun |
| | après | nach, danach |
| | aujourd'hui | heute |
| | avant | vorher, davor |
| | d'abord | zuerst |
| | demain | morgen |
| | enfin | schließlich |
| | ensuite | dann |
| | maintenant | nun |
| | parfois | manchmal |
| | souvent | oft |
| | tard | spät |
| | tôt | früh |
| | toujours | immer |
| | tout à coup | plötzlich |
| | tout de suite | sofort |
| des Ortes | ensemble | zusammen |
| | ici | hier |
| | là; là-bas; là-haut | dort; dort unten; dort oben |
| | loin | weit |
| | partout | überall |

* → Besser in Französisch, Grammatik 2. Lernjahr, Kapitel 5

| Adverbien | | |
|---|---|---|
| der Menge/ des Grades | assez | genug |
| | beaucoup | viel |
| | encore | noch |
| | déjà | schon |
| | peu | wenig |
| | très | sehr |
| | trop | zu, zu viel |
| der Art und Weise | bien | gut |
| | mal | schlecht |
| | vite | schnell |

1 Un couple ou une famille?
Manche der genannten Adverbien bilden inhaltlich Gegensatzpaare ↔, andere lassen sich zu Familien mit drei oder vier Mitgliedern zusammenstellen. Ordne sie entsprechend, denn so kannst du sie dir am besten merken.

1. ________ souvent ________
2. bien ↔ ________
3. ________ ↔ tard
4. hier ________ ________
5. ________ ________ partout
6. ________ ________ ________ trop
7. avant ↔ ________
8. ________ ________ ________ enfin
9. déjà ________

10. ________
11. ________
12. ________
13. ________
14. ________
15. ________
16. ________

Im Unterschied zu diesen „ursprünglichen" Adverbien gibt es andere, die von Adjektiven abgeleitet werden – man nennt sie darum auch „abgeleitete" Adverbien.

Il y a 30 ans, la communication téléphonique avec les pays étrangers était **lente**.
Elle fonctionnait **lentement**.
Aujourd'hui, elle est **rapide**.
On communique **rapidement**, même avec les pays les plus éloignés.

Das Grundprinzip ist ganz einfach: An die feminine Form des Adjektivs wird die Silbe *-ment* angehängt. Ansonsten bleiben Adverbien unverändert.

Ein paar Besonderheiten gibt es allerdings doch zu beachten:

1. Adjektive, die in der maskulinen Form auf

| | | | | |
|---|---|---|---|---|
| -ai<br>-i<br>-u | enden, bilden das Adverb auf der Basis dieser maskulinen Form. | ⇒<br>⇒<br>⇒ | vr**ai**<br>poli<br>absol**u** | – vr**ai**ment<br>– pol**i**ment<br>– absol**u**ment |

Die Ausnahme dieser Ausnahme: gai,e (lustig) → gai**e**ment.

2. Fast alle Adjektive, die auf

| | | | | |
|---|---|---|---|---|
| -ent<br>-ant | enden, bilden das Adverb auf | -emment<br>-amment | ⇒<br>⇒ | différent – différ**emment**<br>suffisant – suffis**amment** |

Ausnahme: lent,e → lentement.

3. Bei den Adjektiven

| | | | |
|---|---|---|---|
| énorme<br>précis,e<br>profond,e | wird aus dem e ein é. | ⇒ | énorm**é**ment<br>précis**é**ment<br>profond**é**ment |

4. Schließlich musst du dir noch die folgenden Sonderformen merken:

| | | |
|---|---|---|
| gentil,le<br>bref, brève<br>grave (schlimm, schwer)<br>rapide | ⇒ | gentiment<br>bri**è**vement<br>gri**è**vement (gravement)<br>vite (rapidement) |

2 Fülle die Lücken aus.

| | adjectif | | adverbe | |
|---|---|---|---|---|
| | masculin | féminin | français | allemand |
| 1. | dur | | | |
| 2. | | | facilement | |
| 3. | | jolie | | |
| 4. | mauvais | | | |
| 5. | naturel | | | |
| 6. | | évidente | | |
| 7. | libre | | | |
| 8. | | | grièvement | |
| 9. | prudent | | | vorsichtig |
| 10. | | relative | | |
| 11. | gai | | | |
| 12. | | | vite | |
| 13. | | brillante | | |
| 14. | sérieux | | | |
| 15. | complet | | | |

* keine Müdigkeit vorschützen

3 Les touristes à la plage.
Für die folgende Übung sind die ursprünglichen Adverbien sowie die Adjektive, von denen du die Adverbien noch ableiten musst, vorgegeben. Deine Aufgabe ist es, die Adverbien sinngemäß und in der richtigen Form einzusetzen.

| | | | | | | | | |
|---|---|---|---|---|---|---|---|---|
| déjà | rapide | partout | complet | léger | trop | mauvais | sérieux | tôt |
| évident | vrai | grave | brusque | ensuite | direct | bruyant | | |

Un vieux pêcheur raconte:

«Les touristes arrivent ________[1] le matin. ________________[2], ils descendent de leurs voitures. ______________[3], ils cherchent une place qui n'est pas ________[4] à l'ombre (Schatten). La plupart d'entre eux sont ________[5] habillés ________________[6]. Ils se mettent ___________________[7] au soleil. __________________[8], les habitants de la côte ne comprennent pas ce comportement. Ils savent que par un coup de soleil on peut tomber ________________[9] malade. Très ________[10], il y a des bouteilles, des sacs en plastique, des papiers ______________[11]. Surtout les jeunes ne savent ________________[12] pas se comporter. Ils mettent la nature ______________________[13] en danger. Et si, par exemple, un pêcheur réagit un peu ______________________[14], ils le comprennent ________[15].»

* bescheuert

# B Der Unterschied zwischen Adverb und Adjektiv

**Adjektiv**

a) Pierre est **rapide**.
b) Il aime les voitures **rapides**.

Das Adjektiv dient zur näheren Beschreibung eines Nomens.
Es kann
a) prädikativ (vor allem mit den Verben *être*, *devenir*, *rester*, *sembler/paraître*) und
b) attributiv
gebraucht werden.

In jedem Fall wird das Adjektiv in Geschlecht und Zahl dem Nomen angeglichen.

**Adverb**

a) Pierre rentre **rapidement** à la maison.
b) **Malheureusement**, il a un accident.
c) Il est allé **trop** vite.
d) La réparation est **terriblement** chère.

Das Adverb dient zur näheren Beschreibung
a) eines Verbs,
b) eines Satzes,
c) eines anderen Adverbs oder
d) eines Adjektivs.

In jedem Fall bleibt das Adverb unverändert erhalten.

4 Un reportage de la cinquième étape du Tour de France.
Unterstreiche im folgenden Text alle Adjektive und Adverbien mit zwei unterschiedlichen Farben und bestimme dann ihre Funktion im Satz.

| | adjectif | | adverbe | | | |
|---|---|---|---|---|---|---|
| | a | b | a | b | c | d |
| 1. La cinquième étape du Tour de France paraissait difficile. | | | | | | |
| 2. Le Belge a brillamment défendu le maillot jaune. | | | | | | |
| 3. Les coureurs antillais* se sont bien battus. | | | | | | |
| 4. Physiquement, ils sont assez forts. | | | | | | |
| 5. Espérons que le temps reste stable. | | | | | | |
| 6. Maintenant, il faut attaquer la haute montagne. | | | | | | |
| 7. C'est là où les coureurs vont vraiment souffrir. | | | | | | |
| 8. Ces étapes seront effectivement dures. | | | | | | |
| 9. La victoire (Sieg) dans la montagne peut être décisive. | | | | | | |
| 10. On va voir si le Belge restera toujours favori. | | | | | | |

* die Fahrer aus den Antillen

## C Adverbial gebrauchte Adjektive

In Verbindung mit bestimmten Verben übernehmen Adjektive die Rolle eines Adverbs. Genauso wie die Adverbien sind sie dann unveränderlich und stehen immer hinter dem zugehörigen Verb.
Zum Glück ist die Liste dieser Wortverbindungen nicht allzu lang. Hier sind die wichtigsten, die du dir unbedingt merken solltest.

**Adverbial gebrauchte Adjektive**

| | |
|---|---|
| acheter **français/anglais/**... | (nur französische/englische/. . . Waren kaufen) |
| parler **bas/fort/allemand** ... | (leise/laut/deutsch . . . sprechen) |
| chanter **juste/faux** | (richtig/falsch singen) |
| sentir **bon/mauvais/fort** | (gut/schlecht/stark riechen) |
| coûter/acheter/payer **cher** | (teuer sein/kaufen/bezahlen) |
| gagner **gros** | (viel verdienen) |
| marcher **droit** | (aufrecht gehen) |
| aller tout **droit** | (geradeaus gehen/fahren) |
| travailler **dur** | (hart arbeiten) |

Umgekehrt können die Adverbien *bien*, *mieux*, *(pas) mal* in Verbindung mit *être* auch als Adjektive gebraucht werden, jedoch nur bei bestimmten Bedeutungen:

| | |
|---|---|
| Tes exercices sont **bien.** | (anständig, ordentlich) |
| Les chanteurs du groupe «Porte 53» ne sont **pas mal.** | (nicht schlecht) |
| Le malade est **mieux** ce matin. | (es geht ihm besser) |

Natürlich bleiben die adjektivisch gebrauchten Adverbien unverändert.

5 Die Wortverbindungen sind hier nicht alle richtig. Berichtige – wenn notwendig – entweder das Verb oder das als Adjektiv gebrauchte Adverb.

| | juste | faux | corrigé |
|---|---|---|---|
| 1. gagner facile | ☐ | ☐ | __________ |
| 2. acheter faux | ☐ | ☐ | __________ |
| 3. parler français | ☐ | ☐ | __________ |
| 4. aller mauvais | ☐ | ☐ | __________ |
| 5. chanter fort | ☐ | ☐ | __________ |
| 6. sentir dur | ☐ | ☐ | __________ |
| 7. coûter gros | ☐ | ☐ | __________ |
| 8. être bon marché | ☐ | ☐ | __________ |

# D Die Stellung des Adverbs im Satz

Als Grundregel für die Stellung des Adverbs kannst du dir merken:

Das Adverb steht **hinter** dem konjugierten Verb.

| | konjug. Verb | Adverb | Infinitiv | Ergänzung |
|---|---|---|---|---|
| A l'école, | on apprend | **beaucoup**. | | |
| Mais à la télé, | on peut | **également** | apprendre | pas mal de choses. |
| Au $18^e$ siècle, | on apprenait | **seulement** | | l'orthographe et le calcul*. |

Diese Grundregel gilt für
- Adverbien der unbestimmten Zeit: *encore*, *déjà*, *souvent*, *toujours*, ...
- Adverbien der Menge: *beaucoup*, *trop*, *peu*, ...
- Adverbien der Art und Weise: *bien*, *mieux*, *mal*, ...
- die abgeleiteten Adverbien.

Bei den zusammengesetzten Zeiten **können** diese Adverbien auch hinter dem Partizip oder dem Infinitiv stehen.
Die Adverbien *tôt*, *tard*, *avant*, *après*, *ensemble* **müssen** bei zusammengesetzten Zeiten hinter dem Partizip oder dem Infinitiv stehen.

Après la soirée dansante, ils sont **rentrés tard**.
C'était chouette, on pouvait **jouer ensemble**.

- Adverbien des Ortes und der bestimmten Zeit stehen am Anfang oder am Ende des Satzes.

– Tu pars au sud de la France?
– Oui. **Là-bas**, les gens sont plus accueillants (offenherzig).
Je pars **demain**.

- Adverbien, die einen Satz näher bestimmen *(malheureusement, ...)* oder Sätze verknüpfen *(puis, alors, tout à coup, ...)*, stehen natürlich am Anfang des Satzes und werden durch ein Komma abgetrennt.

**Curieusement**, les cambrioleurs n'ont pas trouvé le coffre-fort.
**Alors**, ils sont partis sans rien faire.

Aber aufgepasst: Du darfst nicht mit dem Englischen durcheinandergeraten. Im Französischen steht das Adverb **nie** vor dem konjugierten Verb!

* Schreiben und Rechnen

6 Les affiches, les panneaux, les modes d'emploi …
Was wären Anzeigen, Hinweisschilder, Gebrauchsanleitungen ohne Adverbien! Allerdings muss ihre Stellung im Satz stimmen.

1. LE PIQUE-NIQUE EST INTERDIT/ ICI / STRICTEMENT

2. Vous avez bu? Ne prenez pas le volant./trop

3. *Nous nous engageons (verpflichten) sur la qualité de nos produits. /solennellement (feierlich)*

4. NOTRE MAGASIN RESTE FERMÉ en raison d'une fête familiale. /malheureusement

5. ! Si vous rentrez, fermez cette porte à clé!/tard

6. JOUEZ AU LOTO, vous pouvez y gagner/gros

7. Après ouverture, conservez au frais. /continuellement

8. Vous allez aux Etats-Unis? Louez et conduisez / ici / là-bas

# Test

I C'est toi, l'interprète!
Anlässlich der Tour de France wird auch ein deutscher Radsportler interviewt. Für das französische Fernsehen muss das Interview natürlich übersetzt werden. Achte beim Übersetzen darauf, ob die Sätze Adjektive oder Adverbien enthalten und welche Stellung diese im Satz einnehmen.

1. Diese Etappe war für mich eine große Anstrengung (effort *m*).

___

2. Ich habe mit dem zehnten Platz absolut nicht gerechnet. (mit etwas rechnen, hier: espérer qc)

___

3. Das Tempo (vitesse *f*) war gleichmäßig (constant) schnell.

___

4. Direkt (juste) vor mir hat sich ein Fahrer (coureur *m*) schwer verletzt.

___

5. Glücklicherweise konnte ich ausweichen (éviter qn).

___

6. Meine Mannschaft (équipe *f*) ist wirklich stolz auf mich.

___

7. Morgen werde ich früh aufstehen, um für die sechste Etappe in Form zu sein.

___

___

Zwei Punkte pro Satz – ein Punkt Abzug pro Fehler.

| 14 points

II Que veut dire le dessinateur?

Finde zu den folgenden Abbildungen jeweils die richtige Beschreibung. Hilfestellung geben dir die beiden „Schatztruhen“. In der ersten befinden sich die notwendigen Verben. Die zweite enthält die Adjektive (einige musst du in Adverbien umformen) und ein paar ursprüngliche Adverbien.

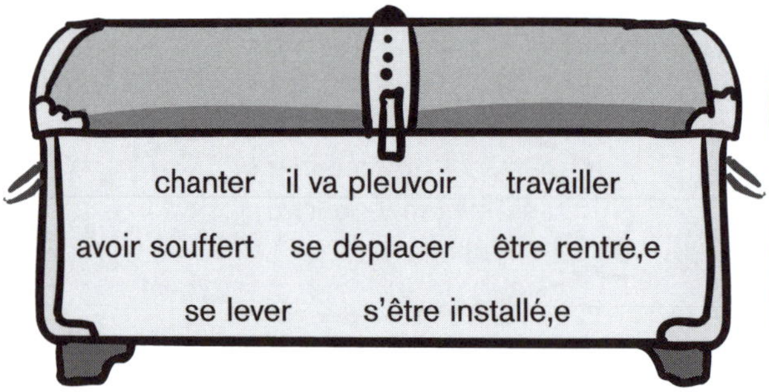


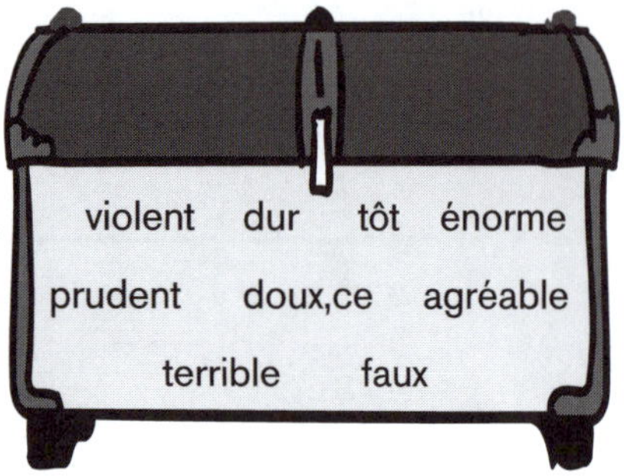

1. Il travaille dur.

2. Elle ______________________

______________________

3. ______________________

______________________

4. ______________________

______________________

5. ______________________________

______________________________

6. ______________________________

______________________________

7. *Demain* ______________________________

______________________________

8. ______________________________

______________________________

Zwei Punkte pro Satz – ein Punkt Abzug pro Fehler.

| 14 points

**III** Fais le bon choix, mais choisis bien!
Entscheide zwischen *bon* und *bien*.

1. Comme ce fromage sent __________!
2. Il parle __________ espagnol.
3. Ces melons sont __________, mieux que les ananas.
4. Nous avons __________ fait de prendre la bicyclette, il y a des embouteillages partout.
5. C'est __________ d'être à la plage.
6. Eh __________, qu'est-ce que tu fabriques là?

| 6 points

# 6 Das Futur
## *Le futur*

A Das Futur I *(le futur simple)*
B Das Futur II *(le futur antérieur)*

## A Das Futur I *(le futur simple)*

Il pleut encore!
Qu'est-ce que nous **allons** bien **faire**?
C'est la deuxième semaine!
L'an prochain, nous **passerons** nos vacances dans le sud!

Das *futur composé*, mit *aller* + Infinitiv gebildet, ist dir inzwischen sicher geläufig. Neben dieser zusammengesetzten Form des Futurs gibt es auch eine einfache Form, das *futur simple*.
Während das *futur composé* vor allem für nah bevorstehende Vorgänge benutzt wird, kennzeichnet das *futur simple* auch solche, die in fernerer Zukunft liegen. Außerdem drückt das *futur composé* meist eine größere Gewissheit aus, während das *futur simple* auch Vorgänge bezeichnet, die noch unbestimmt sind.
Der Gebrauch dieser beiden Formen überschneidet sich aber häufig, da das *futur composé* in der Umgangssprache bevorzugt wird.

Nicht nur in diesem „Doppelangebot", auch in der Verwendung unterscheidet sich das französische Futur vom deutschen.
Vergleiche:

| | |
|---|---|
| L'an prochain, nous **irons** dans le sud. | Nächstes Jahr **fahren** wir in den Süden. |

Wenn der Zusammenhang eindeutig ist, wird im Deutschen das Futur meistens durch das Präsens wiedergegeben.

Darüber hinaus kann das *futur simple* auch imperativen Charakter haben.

| | |
|---|---|
| D'abord, tu **rangeras** ta chambre! | Zuerst räumst du dein Zimmer auf! |
| Tu ne **tueras** point. | Du sollst nicht töten. |

## Die regelmäßigen Formen des Futur I

Die Bildung des Futur I ist nicht schwierig, denn die Personalendungen sind immer gleich. Sie lauten:

-rai -ras -ra -rons -rez -ront

- **Verben auf *-er***

Bei den regelmäßigen Verben, die auf *-er* enden, nimmst du die 1. Person Singular des Präsens und fügst die Endungen des *futur simple* an.

| infinitif | présent: je/j' | futur simple | |
|---|---|---|---|
| regarder | **regarde** | je | regarde**rai** |
| | | tu | regarde**ras** |
| | | elle/il | regarde**ra** |
| | | nous | regarde**rons** |
| | | vous | regarde**rez** |
| | | elles/ils | regarde**ront** |
| acheter | **achète** | j' | achète**rai** … |
| jeter | **jette** | je | jette**rai** … |
| payer | **paie** | je | paie**rai** … Nebenform: je payerai |
| | | (Die Verben auf *-ayer* können das *y* in allen Formen behalten.) | |

Schreiten wir also gleich zur Tat.

1 Konjugiere das Verb *arriver* im *futur simple*.

je ____________ tu ________________ elle ________________

nous ____________ vous ________________ ils ________________

- **Verben auf *-ir***

Bei den Verben auf *-ir* gehst du vom Infinitiv ohne *-r* aus und fügst die Endungen des *futur simple* an.

| infinitif | futur simple | |
|---|---|---|
| fini r | je | fini**rai** |
| parti r | tu | parti**ras** |
| ouvri r | elle | ouvri**ra** |
| sorti r | il | sorti**ra** |

- **Verben auf *-re***

Bei den Verben auf *-re* gehst du vom Infinitiv ohne *-re* aus.

| infinitif | futur simple | |
|---|---|---|
| li re | nous | li**rons** |
| boi re | vous | boi**rez** |
| descend re | elles | descend**ront** |
| rend re | ils | rend**ront** |

**2** Tu m'aimeras toujours?

Elle: Tu m' __________ [1] (écrire)?

Lui: Mais oui, je t'__________ [2] (écrire)!

Elle: Tu __________ [3] (penser) à m'appeler?

Lui: Quelle question! Je t'_______________ [4] (appeler).

Elle: Tu ______________________ [5] (ne pas oublier) de donner la lettre de mes parents à tes parents avec leur invitation pour Noël?

Lui: Tu penses bien que je ______________________ [6] (ne pas oublier).

Elle: Tu crois (glauben) qu'ils _____________ [7] (dire) oui?

Lui: Je vais tout faire pour: Je __________________ [8] (travailler) mieux.

Je ___________________ [9] (ne pas sortir), je ____________________ [10] (ne plus jouer) avec mes jeux électroniques, j'_______________ [11] (arrêter) le foot.

Cette année, quand mon bulletin (Zeugnis) _______________ [12] (arriver), mes notes _______________ [13] (étonner, erstaunen) mes vieux et ils __________ [14] (dire) oui et amen à tout ce que je leur ____________________ [15] (demander)!

**3** M. et Mme Lehaut vont au théâtre.
Avant de sortir, ils font leurs recommandations aux enfants.

1. Vous n'_______________ (ouvrir) à personne.
2. Vous _____________ (mettre) la chaîne devant la porte.
3. Toi, Benjamin, tu __________________________ (ne pas regarder) la télé jusqu'à minuit.
4. Et toi, Nathalie, tu __________________________ (ne pas bloquer) la salle de bains pendant des heures.
5. Les garçons, vous _____________ (mettre) la table avec votre sœur.
6. Et vous _______________________ (ne pas oublier) de préparer vos cartables pour demain.
7. Nous _______________ (rentrer) vers minuit et si je vous vois encore debout à notre retour, je _____________________ (se fâcher).

## Die unregelmäßigen Formen des Futur I

Selbstverständlich tanzen *avoir* und *être* wieder aus der Reihe. Ihre Formen sowie die von einigen anderen unregelmäßigen Verben musst du auswendig lernen. Aber auch hier sind die Endungen immer gleich.

| | **être** | | **avoir** |
|---|---|---|---|
| je | serai | j' | aurai |
| tu | seras | tu | auras |
| elle/il | sera | elle/il | aura |
| nous | serons | nous | aurons |
| vous | serez | vous | aurez |
| elles/ils | seront | elles/ils | auront |

Weitere unregelmäßige Verben:

| | | | |
|---|---|---|---|
| aller | j'irai | mourir | je mourrai |
| faire | je ferai | tenir | je tiendrai |
| courir | je courrai | venir | je viendrai |

Am besten lernst du diese Verben paarweise oder in kleinen Einheiten. Hier ist das nächste Verbpaket:

| | | | |
|---|---|---|---|
| savoir | je saurai | pouvoir | je pourrai |
| devoir | je devrai | vouloir | je voudrai |
| pleuvoir | il pleuvra | envoyer | j'enverrai |
| falloir | il faudra | apercevoir | j'apercevrai (erblicken) |
| voir | je verrai | s'asseoir | je m'assiérai |

Bei einigen Verben, die auf *-er* enden, gibt es noch eine Besonderheit zu beachten. Verben wie

préférer (vorziehen), compléter (vervollständigen), espérer (hoffen), répéter (wiederholen) . . .

haben im Präsens zwei unterschiedliche Stämme:

| | |
|---|---|
| je préf**è**re | nous préf**é**rons |
| tu exag**è**res | vous exag**é**rez (übertreiben) |

Bei diesen Verben wird das *futur simple* vom Infinitiv abgeleitet, obgleich das *é* [ɛ] (wie bei *merci*) ausgesprochen wird. Es heißt also:

| | |
|---|---|
| je préf**é**rerai | nous préf**é**rerons |
| tu exag**é**reras | vous exag**é**rerez |

Die Schreibweise mit è wird jedoch geduldet. Du machst also keinen Fehler, wenn du *je préfèrerai* schreibst.

4 Votez pour moi!

Um der Politikverdrossenheit bei den Jugendlichen entgegenzuwirken, haben manche französische Gemeinden einen Gemeinderat für Kinder (un conseil municipal pour enfants) eingerichtet. Bei den Wahlen der Mitglieder geht es genauso zu wie bei den professionellen Politikern. Hier ein Auszug aus einer Wahlkampfrede. Setze die folgenden Verben ins Futur I.

1. «Vous ______________________ (ne pas le regretter).
2. Ensemble, nous ______________ (organiser) des réunions tous les mois.
3. Je ________________ (savoir répondre) à vos questions.
4. Tous les mercredis, il y ________ (avoir) des films à la M.J.C. pour les enfants.
5. Ensemble, les adultes ______________________ (devoir nous écouter).
6. Chaque mois, je vous ____________ (envoyer) un rapport de mes activités.
7. Vous ________________ (s'apercevoir, einsehen) vite que

   je ________ (être) un bon représentant pour vous.
8. Bref, je ____________ (tenir) mes promesses.
9. C'est pourquoi, j'en suis sûr, vous __________ (voter) tous pour moi demain.»

# B Das Futur II *(le futur antérieur)*

Quoi! Tu n'as pas encore rangé ta chambre!
C'est seulement quand tu **auras terminé** de ranger que tu pourras sortir.

Neben den beiden Futurformen, die du bisher kennengelernt hast *(futur composé* und *futur simple)*, gibt es noch eine weitere Form, das Futur II *(futur antérieur)*. Dieses Futur II wird für Vorgänge verwendet, die in der Zukunft stattfinden, aber zu einem bestimmten Zeitpunkt abgeschlossen sein werden.

| Futur II | Futur I |
|---|---|
| Quand tu **auras terminé** tes maths, | tu **pourras** aller chez ta copine. |
| Geschehen abgeschlossen | Geschehen offen |

Das Futur II wird im Deutschen noch seltener gebraucht als das Futur I. Deshalb geben wir das *futur antérieur* in der Regel mit dem deutschen Perfekt wieder:

Erst wenn du deine Matheaufgaben **gemacht hast**, kannst du zu deiner Freundin gehen.

Du bildest das Futur II wie folgt:

Futur I von *avoir* oder *être* + *participe passé* des betreffenden Verbs

Françoise partira à deux heures. Donc, elle **sera arrivée** à quatre heures.

Nous travaillerons pendant deux heures et nous **aurons terminé** pour six ou sept heures.

Wie beim *passé composé* und *plus-que-parfait* werden die Verben der Bewegungsrichtung und die reflexiven Verben auch hier mit *être* gebildet. Auch das Partizip wird nach denselben Regeln verändert, die für das *passé composé* und *plus-que-parfait* gelten (→ Kapitel 1C).

Folgende Konjunktionen leiten das Futur II oft ein:

quand (wenn) — lorsque (wenn)
dès que (sobald) — aussitôt que (sobald)
ce n'est que lorsque … que … (erst wenn)

5 Vervollständige die Sätze mit dem Futur II der angegebenen Verben.

1. Je vous rendrai vos compositions dès que je les ____________________ (corriger).
2. Téléphone-moi aussitôt que tu ____________________ (arriver).
3. Laissez tout cela traîner (herumliegen). Je rangerai quand vous ____________________ (partir).
4. Quand tu ____________________ (passer) l'aspirateur dans ta chambre, tu descendras la poubelle.
5. Mademoiselle, quand vous ____________________ (terminer) les lettres, vous téléphonerez à M. Duterme.
6. Il n'aura la permission de sortir que lorsqu'il ____________________ (finir) ses devoirs.
7. Dès que nous ____________________ (recevoir) notre commande (Bestellung), nous vous enverrons le chèque.

# Test

**I** Kreuze an, ob die konjugierten Verbformen richtig oder falsch sind, und korrigiere sie, wo nötig.

| | | | juste | faux | corrigé |
|---|---|---|---|---|---|
| 1. | descendre | je descendrai | ☐ | ☐ | __________ |
| 2. | savoir | tu saveras | ☐ | ☐ | __________ |
| 3. | répéter | nous répéteront | ☐ | ☐ | __________ |
| 4. | falloir | je faudrai | ☐ | ☐ | __________ |
| 5. | pleuvoir | il pleuvra | ☐ | ☐ | __________ |
| 6. | être | ils seront | ☐ | ☐ | __________ |
| 7. | mettre | vous metterez | ☐ | ☐ | __________ |
| 8. | peser | elles pèseront | ☐ | ☐ | __________ |
| 9. | dormir | je dormai | ☐ | ☐ | __________ |

9 points

**II** Ergänze das Futur I der folgenden Verben.

| | | |
|---|---|---|
| regarder | prendre | boire |
| je __________ | tu __________ | il __________ |
| nous __________ | vous __________ | elles __________ |
| aller | courir | tenir |
| tu __________ | il __________ | elle __________ |
| vous __________ | nous __________ | ils __________ |
| envoyer | vendre | conduire |
| j'__________ | tu __________ | il __________ |
| nous __________ | vous __________ | elles __________ |
| préférer | lire | réfléchir |
| je__________ | tu __________ | il __________ |
| nous __________ | vous __________ | ils __________ |

24 points

**III** Première journée de vacances de Christophe.
Ergänze das Futur I oder II.

Christophe se lève.

Christophe: Bon, d'abord, une bonne douche.

La mère: Christophe, quand tu auras pris ta douche, tu iras chez le boulanger. Et puis, quand tu __________ 1 (revenir), tu __________ 2 (ne pas oublier) que c'est le jour des poubelles (Tag der Müllabfuhr).

Christophe: Oh, doucement! Minute! Je veux bien, mais quand j'__________ 3 (prendre) mon petit déjeuner.

La mère: Entendu, mais voilà, pour le petit déjeuner, passe chez le boulanger. Moi, je file au travail. Mais quand je __________ 4 (revenir), je ne veux plus voir ce désordre dans ta chambre. Sinon, tout __________ 5 (aller) à la poubelle.

Christophe: Ma mimoune, ne te fâche pas! Laisse moi souffler un peu. J'__________ 6 (avoir) toujours le temps quand je __________ 7 (se reposer) quelques jours. Ne me stresse pas comme les profs! Je suis en vacances!

La mère: Stress relatif quand on connaît tes notes. Quand tes grands-parents les __________ 8 (voir), je ne suis pas sûre qu'ils te __________ 9 (donner) de l'argent de poche. Ton examen de rattrapage (Nachprüfung) est en septembre et tu __________ 10 (ne pas partir) avant de revoir tes cours. Et pour aujourd'hui, mon petit chéri, tu ne __________ 11 (sortir) avec tes copains que quand tu __________ 12 (ranger) ta chambre et que ton père et moi, nous __________ 13 (contrôler). C'est compris?

13 points

# 7 Das Konditional
# *Le conditionnel*



## A Das Konditional I *(le conditionnel présent)*

Wenn du das Futur sicher beherrschst, bereitet dir auch das Konditional keine Schwierigkeiten, denn es wird genauso wie das Futur abgeleitet – du musst nur andere Personalendungen anfügen.
Auch beim Konditional I sind diese Endungen für die regelmäßigen und unregelmäßigen Verben immer gleich.

Die Endungen des Konditional I lauten:

-rais -rais -rait -rions -riez -raient

Sie setzen sich also zusammen aus *r* und den Endungen, die du schon vom *imparfait* kennst.

- **Verben auf -*er***

Bei den Verben auf -*er* denkst du wie beim Futur I an die 1. Person Singular des Präsens und hängst an diese die Endungen des Konditional I an.

| infinitif | présent | conditionnel présent | |
|---|---|---|---|
| regarder | je regarde | je | regarde**rais** |
| | | tu | regarde**rais** |
| | | elle/il | regarde**rait** |
| | | nous | regarde**rions** |
| | | vous | regarde**riez** |
| | | elles/ils | regarde**raient** |

- **Verben auf *-ir* und *-re***

Bei den Verben auf *-ir* und *-re* gehst du vom Infinitiv aus.

| infinitif | conditionnel présent | |
|---|---|---|
| dormir | je | dormi**rais** |
| sortir | tu | sorti**rais** |
| répondre | elle/il | répond**rait** |
| perdre | nous | perd**rions** |
| vendre | vous | vend**riez** |
| prendre | elles/ils | prend**raient** |

- **Unregelmäßige Verben**

Verben, die im Futur unregelmäßig waren, sind es auch im Konditional. Sie unterscheiden sich nur durch ihre Endung.

| | | | | | |
|---|---|---|---|---|---|
| être | je | serais | aller | j' | irais |
| avoir | j' | aurais | faire | je | ferais |
| courir | je | courrais | tenir | je | tiendrais |
| mourir | je | mourrais | venir | je | viendrais |
| savoir | je | saurais | pouvoir | je | pourrais |
| devoir | je | devrais | vouloir | je | voudrais |
| pleuvoir | il | pleuvrait | falloir | il | faudrait |
| envoyer | j' | enverrais | apercevoir | j' | apercevrais (erblicken) |
| voir | je | verrais | s'asseoir | je | m'assiérais |

1 Sur les bancs publics …
Setze die folgenden Verben ins Konditional I.

Elle: . . . On ________________ [1] (habiter) dans une grande maison au bord de la mer.

On ___________ [2] (avoir) cinq enfants qui ________________ [3] (jouer) dans le jardin.

Lui: Cinq! Ça ___________ [4] (faire) quand même beaucoup! Disons, deux …

Elle: Nous ______________ [5] (avoir) des animaux pour les enfants.

Elle: Toi et les garçons, vous ___________ [6] (aller) à la pêche et moi, je ___________ [7] (faire) pousser des légumes dans le jardin. Nous ____________________________ [8] (se nourrir, sich ernähren) des produits de la ferme. Tu ______________ [9] (élever, züchten) des moutons. Avec leur laine (Wolle), je vous _________________ [10] (tricoter, stricken) des pulls. Peut-être même que je _________________ [11] (pouvoir) vendre mes pulls au marché. Il _______________________ [12] (ne pas y avoir) de télévision chez nous. Nous ______________[13] (vivre, leben) en harmonie avec la nature. On ________________[14] (se lever) avec le soleil et on ________________[15] (se coucher) avec le soleil. On _____________________[16] (ne plus être) esclave (Sklave) de la technique et du confort, on ...

Lui: Ecoute, Brigitte, j'_______________[17] (aimer) beaucoup qu'on reste ensemble, mais je te le dis tout de suite, je ________________________[18] (ne pas pouvoir) vivre sans Minitel, sans mon ordinateur et sans TGV (train à grand vitesse). Et puis, mon chef me propose un poste de directeur des ventes à New York. Tu _______________[19] (venir) avec moi? Là-bas, on _______________[20] (pouvoir) ...

## B Das Konditional II *(le conditionnel passé)*

Je **serais** bien **allée** au cinéma, mais j'ai dû travailler.

Auch beim Konditional gibt es eine zusammengesetzte Form, das Konditional II. Du bildest das Konditional II wie folgt:

Konditional I von *avoir* oder *être* + *participe passé*

Vergiss dabei nicht, dass Verben der Bewegungsrichtung sowie reflexive Verben mit *être* verbunden werden – und denk auch an die Veränderlichkeit des Partizips (→ Kapitel 1C).

Avec un peu plus de chance, j'**aurais pu** réussir mon permis de conduire.

Anne: «Moi, à ta place, je ne **serais** jamais **partie** en stop. C'est trop dangereux.»

2 Le jour de gloire …
Agathe n'a guère eu la tête à ses études cette année. Elle devra redoubler. Ses parents viennent de recevoir son bulletin et le lisent. Les reproches et les conseils pleuvent.
Setze die Verben ins Konditional II.

Les parents: Elève douée (begabt), mais paresseuse.

Le père: Trois notes insuffisantes en géographie, biologie et allemand. Des matières où il faut apprendre. Je l'avais dit! Jamais nous n'____________________ [1] (devoir) lui permettre de partir trois semaines en classe de neige. Elle ____________________ [2] (travailler) davantage. Cette catastrophe ________________________________________ [3] (peut-être ne pas arriver).

Agathe: Je n'avais pas la tête au travail cette année. Cela ____________________ [4] (arriver) tout pareil. Ce ne sont pas trois petites semaines enfermée au bahut (Penne) qui ____________________ [5] (changer) quelque chose au problème fondamental.

La mère: Tu ____________________ [6] (pouvoir) philosopher un peu plus tôt. Tu ____________________ [7] (devoir) réduire tes activités: SOS racisme, le théâtre, le sport, déléguée de classe, c'est trop!

Le père: A ta place, j'____________________ [8] (faire) un choix: sport et déléguée de classe. Ça ____________________ [9] (être) suffisant.

Agathe: Et vous ____________________ [10] (se plaindre, sich beklagen) que je ne m'intéresse pas à la culture et à la politique! Et puis mes profs ____________________ [11] (me donner) de mauvaises notes quand même car ils n'aiment pas mon look!

## C Der Gebrauch des Konditionals

Das Konditional wird im Französischen als **Tempus mit modaler Wertigkeit** und als **reines Tempus** gebraucht. Als **Tempus mit modaler Wertigkeit** fügt das Konditional dem Verb des Satzes einen bestimmten Nebensinn hinzu: Es nuanciert, es verändert die Aussage des Satzes, indem es deren Gültigkeit aus Gründen der Höflichkeit, der Unsicherheit oder des fehlenden Bezugs zur Wirklichkeit abschwächt. Im Einzelnen können wir folgende Nuancierungen unterscheiden:

*Conditionnel présent*

- Höfliche Form einer Bitte, einer Aufforderung, einer Frage, eines Vorschlags oder eines Wunsches:

**Pourriez**-vous me dire quelle heure il est?
Nous **devrions** réfléchir à ce projet.
**Serait**-il possible d'essayer ce pull?
Tu **ferais** cela pour moi?
J'**aimerais** bien partir en vacances avec ma copine au lieu de réviser les maths.

- Vorsichtige Information:

Il y **aurait** des morts dans l'accident.

- Annahme oder Vermutung:

Mes parents ne **seraient** pas contents de voir ma compo de maths.
Meine Eltern dürften wohl nicht zufrieden sein, wenn sie meine Klassenarbeit sehen.

- Bezeichnung einer bloßen Möglichkeit in der Gegenwart oder Zukunft:

A ta place, je ne **fumerais** pas. (Mais je ne suis pas à ta place!)
C'est vrai que je **pourrais** travailler un peu plus. (Mais, en réalité, je travaille très peu!)

- Bedingung:

Au cas où (falls) tu **viendrais**, dis-le moi.

*Conditionnel passé*

- Bezeichnung einer (nicht mehr realisierbaren) Möglichkeit in der Vergangenheit:

Tu **aurais pu** m'attendre! (Mais tu ne l'as pas fait!)
Je n'**aurais** jamais **fait** de stop seule! (Mais toi, tu l'as fait!)
J'**aurais pris** le train. (Je ne l'ai pas fait parce que je n'étais pas à ta place.)

Als reines **Tempus** bezeichnet das Konditional im Französischen eine von der Vergangenheit aus gesehene Zukunft *(futur du passé)*.

In dieser Funktion wird das Futur I in der direkten Rede durch das Konditional I in der indirekten Rede ersetzt.

Elle m'a dit: «Je t'**appellerai** demain.»
Elle m'a dit qu'elle m'**appellerait** demain.

Das Konditional II ersetzt entsprechend das Futur II:

Ma mère m'a dit: «Tu **pourras** sortir, quand tu **auras** terminé tes maths.»
Ma mère m'a dit que je **pourrais** sortir, quand j'**aurais** terminé mes maths.

Im Deutschen wird das temporal gebrauchte Konditional in der Umgangssprache meistens mit dem Indikativ oder durch eine Umschreibung mit „würde" wiedergegeben. In der gehobenen Sprache wird stattdessen der Konjunktiv verwendet.

| | |
|---|---|
| Umgangssprache: | Sie hat mir gesagt, dass sie morgen anruft/anrufen wird/ anrufen würde. |
| Gehobene Sprache: | Sie hat mir gesagt, dass sie morgen anrufe/anrufen werde. |

3 Untersuche die Funktion des Konditional I und trage die entsprechende Bezeichnung ein (Tm = Tempus mit modaler Wertigkeit, Tr = reines Tempus).

Tm 1 Höfliche Form einer Bitte, einer Aufforderung, einer Frage, eines Vorschlages, eines Wunsches
Tm 2 Vorsichtige Information
Tm 3 Annahme oder Vermutung
Tm 4 Möglichkeit der Gegenwart oder Zukunft
Tm 5 Bedingung
Tr Nachzeitigkeit in der Vergangenheit

1. Il est parti à 14 heures, donc il devrait arriver à 17 heures. ____________
2. Pourriez-vous m'ouvrir la porte? ____________
3. Il m'a dit qu'il partirait dans deux jours. ____________
4. Nous devrions réfléchir sérieusement à un autre système de notes. ____________
5. A ta place, je l'enverrais en Angleterre passer ses vacances. ____________
6. On pourrait inviter les Mouchel à dîner. ____________
7. Au cas où tu prendrais le métro, achète-toi des tickets. ____________
8. Et tu viendrais en voiture malgré le verglas (Glatteis)! ____________
9. Tu me ferais ça? ____________

10. Je vous serais très reconnaissante (dankbar) de bien vouloir m'envoyer le catalogue commandé. ____________

11. Au cas où je ne serais pas là, ____________
tu pourrais toujours laisser un message sur le répondeur (Anrufbeantworter). ____________

12. Avec ta grippe, je ne fumerais pas. ____________

13. Il y aurait une trentaine de victimes (Opfer). ____________

14. Tu viendras? Non? Mais il y a deux jours, tu m'as dit que tu viendrais! ____________

# Test

**I** Wie sicher beherrschst du das Konditional I? Trage die passenden Verbformen ein.

| | | |
|---|---|---|
| voir | savoir | venir |
| je ____________ | tu ____________ | elle ____________ |
| faire | connaître | être |
| nous ____________ | vous ____________ | ils ____________ |
| s'asseoir | aller | falloir |
| je ____________ | tu ____________ | il ____________ |
| courir | pouvoir | devenir |
| nous ____________ | vous ____________ | elles ____________ |
| construire | acheter | répondre |
| je ____________ | tu ____________ | il ____________ |
| préférer | payer | recevoir |
| nous ____________ | vous ____________ | ils ____________ |

18 points

**II** L'argent de poche.
Agathe essaie d'améliorer (aufbessern) son argent de poche avec le baby-sitting, mais pas à n'importe quel prix. Mademoiselle a des exigences (Ansprüche). La voici qui négocie (verhandeln) au téléphone.
Setze die Verben ins Konditional.

| | |
|---|---|
| – Oui, ... Ce ________[1] pour quand? | être |
| – Mouais ... Et combien vous me ________[2] pour la soirée? | payer |
| – Et qu'est-ce qu'il ________[3] faire exactement? | falloir |
| – Bon, bon ... Dites, ce jour-là, il ________[4] la série «Brigitte et les garçons» sur le Super Canal? | ne pas y avoir |
| – Ah, vous n'avez pas de décodeur ... Vous comprenez, c'est embêtant, parce qu'après, pour comprendre la suite ... Et vous ________[5] des cassettes vidéo du style «Le retour de Trombinator»? | avoir |
| – Non plus ... Alors, je ________[6] peut-être apporter mes cassettes d'horreur? | pouvoir |
| – Ça ________[7] peur au petit? Mais, au fait, il a quel âge? | faire |
| – Quatre ans! Mouais ... Dites, j'ai une idée. Vous ne ________[8] pas chez nous avec le gamin (enfant), enfin ... votre enfant? | venir |
| – Ce ________[9] plus pratique? Comme ça, | être |
| je ________[10] ma série ... | suivre |
| – Au cas où il ________[11], bien sûr ... | dormir |
| – Non, ça ne vous ________[12] pas, comme solution (Lösung)? | plaire |

– Et puis, comme ça, vous ______________[13] obligé de me payer le taxi. — ne pas être

– Parce que moi, je ______________[14] le métro à cette heure-là: J'____________[15] bien trop peur! — ne pas prendre / avoir

| 15 points

**III** Dites-le avec des fleurs ...
Drücke dich höflich und zurückhaltend aus.

1. Du möchtest einen Orangensaft.
   Je/prendre/______________________________
2. Du würdest gern ins Kino gehen.
   Je/aller volontiers/______________________________
3. Du rätst deiner Mutter, einen anderen Pulli anzuziehen.
   Tu/devoir plutôt/______________________________
4. Du fragst einen Unbekannten nach der „rue Zola".
   Vous/pouvoir/______________________________
5. Du sagst dem Klassenlehrer, dass ihr es vorzieht, Comics (bandes dessinées *f*) zu lesen.
   Nous/préférer/______________________________

Zwei Punkte pro Satz – ein Punkt Abzug pro Fehler.

| 10 points

**IV** Le petit traducteur.

1. Falls ich nicht da bin, klingle bei der Nachbarin.
   ______________________________
2. Mit mehr Arbeit hätte sie die Prüfung bestanden.
   ______________________________
3. Ohne diesen Unfall wären wir rechtzeitig angekommen.
   ______________________________

Zwei Punkte pro Satz – ein Punkt Abzug pro Fehler.

| 6 points

# 8 Das konditionale Satzgefüge mit *si*
# *La phrase hypothétique avec «si»*

A Das reale Bedingungsgefüge
B Der reale Konditionalsatz mit *si* und der Temporalsatz mit *quand*
C Das irreale Bedingungsgefüge

## A Das reale Bedingungsgefüge

Il n'y **aura** pas d'école, **si** la grève des transports en commun* **continue.**
**Si** les routiers **bloquent** l'autoroute, beaucoup de gens **prendront** le train.

Ein konditionales Satzgefüge (Bedingungsgefüge) besteht aus einem Nebensatz, der eine Bedingung enthält (Konditionalsatz), und einem Hauptsatz, der die Folge nennt, die sich aus dieser Bedingung ergibt.
Der Konditionalsatz kann vor oder nach dem Hauptsatz stehen. Im Französischen wird er meist mit *si* eingeleitet. In diesem Fall ist eine besondere Schwierigkeit beim Bilden dieses Satzgefüges zu bewältigen: der Zeitenwechsel zwischen Haupt- und Nebensatz.

| Nebensatz | | Hauptsatz |
|---|---|---|
| **Si** la grève des transports en commun **continue**, | | il n'y **aura** pas d'école. |
| Die Erfüllung der Bedingung **ist** möglich. | | Die Folge **wird** eintreten. |
| *si* + Präsens | ⇒ | Futur I |

Für die Zeitenfolge im realen Bedingungsgefüge musst du dir folgende Punkte merken:

- Der *si*-Satz steht entweder im Präsens oder im *passé composé*.
- Nach *si* (wenn) steht niemals das Futur.
- Der Hauptsatz steht in der Regel im Futur. Er kann allerdings auch, je nach Bedeutung, im Präsens stehen.

| Nebensatz | | | | Hauptsatz |
|---|---|---|---|---|
| *si* | + | Präsens<br>*passé composé* | ⇒ | Futur I (oder Präsens) |

* les transports en commun *m*, öffentliche Verkehrsmittel

1 L'argent de poche.
Gaëlle demande plus d'argent de poche, mais ses parents ne sont pas d'accord.
Ergänze die Verben in der richtigen Zeit.

1. Le père: Si on te ___________ (donner) déjà maintenant cinquante euros, tu ne ______________________ (comprendre) jamais ce que c'est que gagner de l'argent.
2. Gaëlle: Bientôt je ne ______________ (pouvoir) même pas acheter mon billet mensuel (Monatskarte), si vous m'________________ (accorder) juste trente euros.
3. La mère: Si tu ___________ (acheter) un peu moins de fringues (Klamotten), comme tu dis, tu ___________ (avoir) encore plus d'argent pour les choses vraiment importantes!
4. Gaëlle: Si vous me ___________ (payer) le coupon mensuel (Monatsmarke), j' ________ (aller) plus souvent m'acheter un bon livre pour l'école.
5. La mère: Si tu ___________ (faire) des économies, cela te ________________ (permettre) d'avoir une plus grande somme à ta disposition.
6. Gaëlle: Et si je ne ___________ (pouvoir) même pas faire des économies?!
7. Le père: Mmh ... alors, on ______________ (parler) à nouveau d'une augmentation de ton argent de poche, si pour la fin du mois tu ______________ (obtenir) des notes au-dessus de la moyenne.

8. Le père: Ecoute, Gaëlle, si tu ________________ (continuer) comme ça, on ____________________ (diminuer) le montant – pas de problème!
9. La mère: Je ________________ (trouver) peut-être une solution, si seulement vous ______________ (arrêter) de vous disputer!

# B Der reale Konditionalsatz mit *si* und der Temporalsatz mit *quand*

| | | |
|---|---|---|
| **Si** Christine **passe** cet après-midi,<br>je lui **rendrai** la cassette-vidéo. | wenn = falls | realer Konditionalsatz |
| **Quand** Christine **passera** cet après-midi,<br>je t'**appellerai**. | wenn = sobald | Temporalsatz |

Wie du siehst, geht es bei diesen beiden Satztypen um den Bedeutungsunterschied der Konjunktionen *si* und *quand*, die im Deutschen beide mit „wenn" übersetzt werden. Für die Wahl der richtigen Zeit musst du diese beiden Satztypen unterscheiden.

- Im ersten Satz ist „wenn" mit „falls" gleichzusetzen. Es handelt sich hier also um einen Konditionalsatz. Hier gilt: Nach konditionalem *si* steht niemals das Futur.
- Das „wenn" im zweiten Satz bedeutet „sobald". Hier handelt es sich also um einen Temporalsatz, der mit *quand* eingeleitet wird. Beachte: Bei einem zukünftigen Geschehen steht nach *quand* das Futur.

Allerdings kann die Konjunktion *si* auch einen indirekten Fragesatz einleiten. Dieses *si* hat dann immer die Bedeutung von „ob". Auch der indirekte Fragesatz kann im Futur stehen.

| | | |
|---|---|---|
| Je ne sais pas<br>**si** Christine **passera** cet après-midi. | *si* = ob | indirekter Fragesatz |

Noch einmal zusammengefasst:

| | | | | |
|---|---|---|---|---|
| *si* (wenn, falls) | → | Konditionalsatz | → | niemals Futur |
| *quand* (wenn, sobald) | → | Temporalsatz | → | Futur möglich |
| *si* (ob) | → | indirekter Fragesatz | → | Futur möglich |

2 L'argent de poche (suite).
*Si – quand – si?* Ergänze die sinngemäß richtige Konjunktion und setze die angegebenen Verben in die richtige Zeit.

1. – Maman, _quand_ j'_aurai_ (avoir) 18 ans, je ______________ (partir) tout de suite d'ici.
2. – Gaëlle, ________ tu ______________ (trouver) la possibilité de le faire, personne ne te ________________ (retenir).

3. – Je me demande ________ je ne ______________ (devoir) pas commencer un petit boulot. Sylvie le fait déjà, elle travaille comme baby-sitter.
4. – Papa ne ________ (être) certainement pas content, ________ tu ne ______________________ (se concentrer) pas entièrement sur l'école.
5. – Il se contredit. ___________ je ______________ (demander) un peu plus d'argent, il me ______________ (reprocher) de ne pas savoir ce que c'est que gagner de l'argent; mais ________ je ________ (être) décidée à gagner de l'argent, il n'________ (être) pas d'accord.
6. – Mmh ... , je ne ________ (savoir) pas __si__ ma collègue à la biliothèque ______________ (pouvoir) aider. ________ tu y ___________ (ranger) des livres par exemple, tu en _________________ (profiter) pour trouver des livres intéressants pour l'école.
7. – Oh, maman, ce serait super!! ________ nous ___________ (avoir) les mêmes horaires de travail, on ______________ (rentrer) ensemble. Et ________ je ___________ (recevoir) mon premier salaire, je t'______________ (inviter).

# C Das irreale Bedingungsgefüge

Bei einem konditionalen Satzgefüge, das eine nicht erfüllbare (irreale) Bedingung enthält (oder eine Bedingung, deren Erfüllung unwahrscheinlich ist), musst du zwei Arten unterscheiden:

1. das irreale Bedingungsgefüge, das sich auf die Gegenwart und die Zukunft bezieht,
2. das irreale Bedingungsgefüge, das sich auf die Vergangenheit bezieht.

| Nebensatz | Hauptsatz |
|---|---|
| 1. **Si** j'**avais** un hélicoptère, (mais je ne l'**ai** pas!) | je **pourrais** éviter cet embouteillage (Stau). |
| Die Erfüllung der Bedingung ist unmöglich oder unwahrscheinlich. | Die Folge bleibt eine bloße Vorstellung. |
| *si* + Imperfekt | ⇒ Konditional I |

| | |
|---|---|
| 2. **Si** j'**avais pris** mon vélo, (mais je ne l'**ai** pas **pris**!) | j'**aurais pu** éviter cet embouteillage. |
| Die Bedingung ist in der Vergangenheit nicht erfüllt worden. | Die Folge bleibt eine bloße Vorstellung (auf die Vergangenheit bezogen). |
| *si* + Plusquamperfekt ⇒ | Konditional II |

Die Regel für die Zeitenfolge im konditionalen Satzgefüge (→ Kapitel 8 A) ist also zu erweitern:

| Nebensatz | | | | Hauptsatz |
|---|---|---|---|---|
| *si* | + | Imperfekt | ⇒ | Konditional I |
| | | Plusquamperfekt | ⇒ | Konditional II |

**3** Réalité et rêves.
Formuliere irreale Bedingungsgefüge. Ein Tipp: Bilde dazu vom Inhalt des ersten Satzes immer das Gegenteil.

| **Réalité** | **Rêves** |
|---|---|
| 1. Nous n'avons pas d'argent. | faire un voyage autour du monde |

*Si nous avions de l'argent, nous ferions un voyage autour du monde.*

| | |
|---|---|
| 2. Je n'ai pas encore 18 ans. | pouvoir conduire la voiture de papa |

_______________________________________________

_______________________________________________

| | |
|---|---|
| 3. Christiane et Claude n'ont pas eu leur sac de couchage. | rester la nuit chez les copains |

_______________________________________________

_______________________________________________

| | |
|---|---|
| 4. La secrétaire n'a pas d'ordinateur. | taper les lettres en peu de temps |

_______________________________________________

_______________________________________________

| | |
|---|---|
| 5. Françoise ne connaissait personne du comité de fête. | pouvoir participer au bal |

_______________________________________________

_______________________________________________

6. Les parents n'ont pas laissé partir Gilles. — passer une semaine sur un bateau à voile

______________________________________________

______________________________________________

7. Clotilde a la grippe. — s'amuser avec ses copines à la piscine

______________________________________________

______________________________________________

8. Mes parents ne sont pas d'accord. — habiter avec mon ami

______________________________________________

9. Ils se sont disputés. — aller au théâtre

______________________________________________

In der gesprochenen Sprache findet man häufiger „allein stehende" *si*-Sätze im *imparfait*: Sie drücken einen Vorschlag aus, bei dem die Folge – der Hauptsatz – mitgedacht, aber nicht ausgesprochen wird. (Die Erfüllung der Bedingung ist in diesen Sätzen übrigens nicht ausgeschlossen.)

Et **si** on **faisait** encore un petit tour en ville? (... ce serait sympathique, n'est-ce pas?)

**4** Formuliere solche Vorschläge.

1. à ton grand frère/ta grande sœur → expliquer les devoirs de maths à qn
   *Et si tu m'expliquais les devoirs de maths?*
2. à ta copine → manger une glace ensemble
   ______________________________________________
3. à tes amis → aider à préparer une boum
   ______________________________________________
4. à tes parents → faire un pique-nique ensemble
   ______________________________________________

5. à ton chien qui aboie (bellt) → se taire

______________________________________________

6. à ton petit frère/ta petite sœur → laisser dormir (qn)

______________________________________________

7. à tes camarades de classe → demander ensemble au professeur de faire une excursion

______________________________________________

______________________________________________

# Test

I Verbinde die Gliedsätze so, dass sie einen Sinn ergeben und auch der richtigen Zeitenfolge entsprechen. Notiere die richtigen Satzgefüge anschließend auf einem Blatt Papier.

1. Si mes parents habitaient à Grenoble,
2. J'achèterai une voiture et un ordinateur,
3. Si je n'avais pas eu tant de collègues aimables,
4. Quand mon grand-père fêtera ses 80 ans,
5. J'écrirais un roman,
6. Si mes parents étaient plus libéraux,
7. Je saurais conduire un avion,
8. Je me demande,
9. S'il n'y avait pas le bac à préparer,
10. Je ne sais pas

a) il recevra certainement beaucoup de cadeaux.
b) si mes parents me comprennent.
c) je pourrais faire ce que je voudrais.
d) j'aurais le temps de sortir avec mes copines.
e) si à l'âge de 16 ans on peut déjà ouvrir un compte.
f) quand je gagnerai mes 10 000 balles (euros) par mois.
g) je passerais toutes mes vacances à faire du ski.
h) si mon père était millionnaire.
i) j'aurais changé de métier.
k) si je faisais moins de fautes de grammaire.

| 1. | 2. | 3. | 4. | 5. | 6. | 7. | 8. | 9. | 10. |
|---|---|---|---|---|---|---|---|---|---|
| g | | | | | | | | | |

9 points

II Et toi, comment réagirais-tu?

Wie reagierst du in den folgenden Situationen? Formuliere mithilfe der kursiv gedruckten Stichworte deine Ratschläge und benutze das richtige Bedingungsgefüge.

1. A la discothèque: ton copain (19 ans) a déjà bu trois bières. Maintenant il veut prendre le volant pour te reconduire à la maison. *prendre le volant/risquer d'avoir un accident*

   Si tu prends le volant, ______________________________

2. Tes amis voulaient partir en vacances avec toi, mais finalement ils sont restés à la maison. *ne pas être resté à la maison/avoir fait une excursion en bateau à voile*

   Si vous ______________________________

   ______________________________

3. Ta copine ne sait pas lire le plan de Paris. Vous cherchez la tour Eiffel, mais vous arrivez au Louvre. *avoir su lire le plan/être arrivé à la tour Eiffel*

   ______________________________

4. Ta mère a 39° de température. Elle ne veut pas rester au lit. *ne pas rester au lit/être encore plus malade*

   ______________________________

5. Tu as envie d'aller à la piscine avec tes amis, tu leur fais la proposition.

   Et si ______________________________

Zwei Punkte pro Satz – ein Punkt Abzug pro Fehler.

| 10 points

# 9 Die Pronomen
# *Les pronoms*

A Indefinite Pronomen
B Demonstrativpronomen
C Possessivpronomen

## A Indefinite Pronomen

Indefinite Begleiter und indefinite Pronomen wie *quelque(s)*, *chaque* oder *tout* kennst du bereits. Sie geben eine unbestimmte (indefinite) Menge oder Anzahl bzw. eine Nullmenge an. Mit ihnen lassen sich auch feine Bedeutungsnuancen ausdrücken.

Die indefiniten Begleiter stehen vor einem Nomen und richten sich in Geschlecht und Zahl nach diesem: *chaque jour, quelques amis, toutes les cassettes.*

| | |
|---|---|
| Une prof modèle (mustergültig)? | |
| Tu peux prendre **n'importe quel** *jour*, elle arrive en retard. | (irgendeinen Tag) |
| Tu peux lui poser **toutes les** *questions* que tu veux. Elle **ne** | (alle Fragen) |
| te donnera **aucune** *réponse* claire. | (keine Antwort) |
| Et **certains** *jours*, la prof de français est vraiment de | (an manchen Tagen) |
| mauvais poil (schlecht gelaunt)! **Chaque** *élève* sait qu'il ne | (jeder Schüler) |
| faut pas l'énerver le lundi, sinon, c'est le test! | |

Indefinite Pronomen, um die es in diesem Abschnitt geht, stehen dagegen **stellvertretend** für ein Nomen oder eine Nominalgruppe. Auch sie richten sich in Geschlecht und Zahl nach dem Bezugswort, das sie vertreten – außer *plusieurs,* das wie ein Zahlwort unverändert bleibt.

**Aucun** *ami* **ne** m'a répondu.
**Aucun ne** m'a répondu.

**Toutes tes** *sœurs* sont venues?
Oui, **chacune** est venue pour mon anniversaire.

Das indefinite Pronomen kann Subjekt des Satzes sein. In diesem Fall steht es vor dem konjugierten Verb. Es kann aber auch direktes oder indirektes Objekt sein.

| Subjekt | Objekt |
|---|---|
| **Chacun** aidera maman pendant les vacances. | Réfléchis! Tu dis **n'importe quoi**. |
| **N'importe qui** peut entrer si vous ne fermez pas la porte. | Il fait **tout** et **n'importe quoi**. |
| | Je n'aime pas que tu parles **à n'importe qui**. |

Einige indefinite Pronomen kennst du seit langem:

on, quelqu'un, quelque chose, tout, (ne . . .) rien

Merke dir außerdem folgende indefinite Pronomen:

| | | | |
|---|---|---|---|
| n'importe quoi | (irgendetwas) | la plupart | (die meisten) |
| n'importe qui | (irgendjemand) | (ne ...) personne | (niemand) |
| tous, toutes | (alle) | (ne ...) aucun,e | (kein,e einzige,r) |
| certain,e,s | (manche) | (ne ...) nul,le | (keine,r) |
| chacun,e | (jede,r einzelne) | le, la même | (derselbe, dieselbe) |
| plusieurs | (mehrere) | | |

Ein bisschen viel? Dann versuche doch dir manche indefinite Pronomen als Gegensatzpaare zu merken.

| Im Textzusammenhang | positiv | negativ – immer mit *ne* |
|---|---|---|
| bisher nicht erwähnt | on<br>quelqu'un<br>tout<br>quelque chose | personne<br><br>rien |
| bereits erwähnt | chacun,e<br>quelques-uns<br>quelques-unes<br>certain,e,s<br>plusieurs | pas un,e<br>aucun,e |

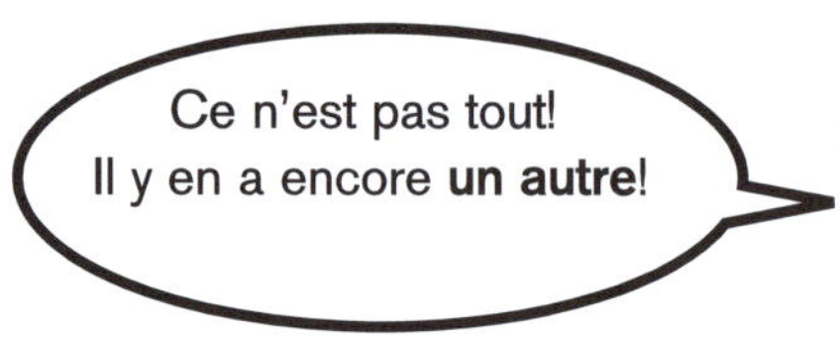

- **autre,s**

Da die Verwendung des Indefinitpronomens *autre,s* eine häufige Fehlerquelle darstellt, befassen wir uns mit diesem Pronomen näher.

*Autre,s* wird meistens als Adjektiv gebraucht:

un/l'**autre** village d'/les **autres** villages

Es kann aber auch als Indefinitpronomen verwendet werden, allerdings nur mit Artikel:

**un** autre, **une** autre, **d'**autres **l'**autre, **les** autres

Certains enfants sont propres très jeunes; **d'autres** plus tard.

Beachte: *d'autres* (andere) – *des (= de + les) autres* (der anderen).

- **autre chose** (etwas anderes)

Tu as **autre chose** à me dire?

1 Vervollständige mit dem passenden indefiniten Pronomen.

| | | | | | |
|---|---|---|---|---|---|
| quelque chose | aucun ne | les uns/les autres | n'importe quoi | certains (2x) | |
| personne ne | plusieurs | quelques-uns | chacun | personne ne | aucun |

1. Fais attention! Tu fais ____________________!
2. ________________ a droit à manger une glace.
3. As-tu encore ____________________ à faire?
4. ____________________ a compris le film.
5. J'ai invité tous mes copains mais ____________________ peut venir le jeudi soir.
   Par contre, ________________ pourraient venir le vendredi.
6. ____________________ des fruits que j'ai achetés étaient trop mûrs;
   ________________ étaient même carrément (einfach) pourris.
7. La classe n'est jamais d'accord pour une excursion: ________________ veulent faire une promenade en forêt, ________________ veulent aller dans un musée.
8. Je cherche un sac à main mais je n'en trouve ________________ qui me plaît.
9. «Tu as trouvé un jean qui te va?» «Oui, j'en ai même essayé ________________.»

- **Indefinitpronomen mit *de***

Auf einige indefinite Pronomen kann *de* + Adjektiv folgen. Folgende Konstruktion kennst du sicher schon.

J'ai vu **quelque chose de chic** (etwas Schickes).

Merke dir auch die folgenden:

C'est **quelqu'un de très sympathique.**
Je **n'ai rien fait de spécial.**
Regarde mes diapositives. Il y en a **quelques-unes de très réussies** (gelungen).
Moi, j'ai raté toutes mes photos de vacances. Il **n'**y en a **aucune de bonne/ pas une de bonne.**

Einige indefinite Pronomen können auch von einem Nomen oder einem Pronomen näher bestimmt werden:

| | *de* + Begleiter + Nomen | oder *d'entre* + Pronomen |
|---|---|---|
| quelques-uns | de mes amis | d'entre nous |
| plusieurs | de mes profs | d'entre vous |
| certaines | de mes collègues | d'entre elles |
| chacune | de mes copines | d'entre elles |
| ne … aucun | de mes amis | d'entre eux |
| ne … pas une | de mes amies | d'entre elles |
| l'un | de mes frères | d'entre eux |

**2** Crise de personnalité d'Agathe.
Agathe a une crise d'identité. Son amie Elodie pourrait peut-être l'aider.
Vervollständige das Telefongespräch mit indefiniten Pronomen.

| | | | | | |
|---|---|---|---|---|---|
| tous (3x) | autre chose | rien (2x) | personne | n'importe quoi | aucun |
| quelqu'un | l'autre | certains | quelques-uns | l'un | |

Agathe: Personne ne m'aime!

Elodie: Tu exagères! Tu dis ____________________ [1]! Dans la classe, il y a pas mal de garçons qui sont amoureux de toi. __________ [2] t'ont déjà invitée à leur boum.

Agathe: Tu parles! __________ [3] des boudins (Blödmänner)! __________ [4] ne me plaît! __________ [5] a des boutons (Pickel) plein la figure, on dirait les cratères de la lune. __________ [6] ne pense qu'à son ordinateur. Sans blague (ohne Scherz), tu savais que Léo m'avait envoyé une lettre d'amour sur disquette! C'est poétique!

Elodie: On ne peut pas être __________ [7] parfaits comme mademoiselle! Et puis, tu es trop prétentieuse (anspruchsvoll). Il y en a ____________________ [8] de sympas. Mais toi, tu recherches les superlatifs. Tu veux __________________ [9] de beau, de friqué (mit Moos), d'intelligent.

Agathe: Tu n'as __________ [10] compris à ce que je t'ai dit. Du reste (übrigens) ____________ [11] ne me comprend! __________ [12] ne m'intéresse!

Elodie: Tu n'aurais pas __________________ [13] à dire pour changer un peu! On en a __________ [14] ras le bol (die Nase voll) de tes plaintes (Klagen)!

- **Indefinitpronomen mit *en***

Kommt das Indefinitpronomen im Zusammenhang mit *il y a, il reste/il manque* oder als direktes Objekt vor, dann darfst du ein kleines Wort nicht vergessen: *en*. Wie du bereits weißt, ersetzt *en* Ergänzungen mit *de* + Nomen nach einem Zahlwort.*

| | |
|---|---|
| **Il y a** plusieurs versions de ce film? | Oui, il y **en** a **plusieurs**. |
| **Il reste** encore des fruits? | Oui, il **en** reste **plusieurs**. |
| Tu as encore **quelques gâteaux**? | Oui, j'**en** ai encore **quelques-uns**. |
| Il n'a pas fait **une faute**? | Non, il **n'en** a **pas** fait **une**. |
| Elle n'a invité **aucune de ses amies**? | C'est cela. Elle **n'en** a invité **aucune**. |

Ergänzungen mit *de* nach indirekten Objekten werden jedoch nicht durch *en* aufgegriffen.

Elle n'a écrit **à aucune** de ses amies.
Elle n'a écrit **à aucune**.
indir. Objekt

3 Korrigiere die folgenden Sätze.

1. Chaque est venu à ma boum.
2. On a rien acheté ____________________
3. C'est quelqu'un sympathique. ____________________
4. Personne a appelé. ____________________
5. Tu as des timbres à me prêter? ____________________
   Oui, j'ai plusieurs. ____________________
6. Tu peux me passer les cassettes ____________________
   du film «La Diva» et «Le Grand Bleu»? ____________________
   Non, je n'ai pas les musiques de ces ____________________
   films-là, mais j'en ai des autres. ____________________
7. Ses romans sont tout traduits en anglais. ____________________
8. Tes copains sont là? ____________________
   Oui, quelques sont déjà arrivés. ____________________

* → Besser in Französisch, Grammatik 2. Lernjahr, Kapitel 14

## B Demonstrativpronomen

Die Demonstrativbegleiter *ce*, *cet*, *cette*, *ces*, die immer in Verbindung mit einem Nomen stehen, sind dir seit langem schon bekannt.

**Ce** livre-là m'a beaucoup intéressé(e).
**Cette** chanson est toujours à la radio.

Das Demonstrativpronomen **vertritt** wie das Indefinitpronomen eine bereits erwähnte Nominalgruppe und richtet sich in Geschlecht und Zahl nach dieser.

| | ♂ | ♀ | neutrale Pronomen |
|---|---|---|---|
| Singular | celui(-ci) | celle(-là) | ce, ceci, cela |
| Plural | ceux(-là) | celles(-ci) | |

- **Die einfachen Formen**

Die nicht mit *-ci* oder *-là* zusammengesetzten Demonstrativpronomen stehen nie allein. Sie werden immer durch einen Relativsatz oder eine Ergänzung (meist mit *de*) bestimmt.

Quelles chaussures as-tu prises?
J'ai pris **celles** *qui étaient en promotion* (Sonderangebot).

Si tu n'as pas tes clés, prends **celles** *de Pierre*.

Das neutrale Pronomen *ce* wird mit *être* oder mit einem Relativsatz gebraucht.

**C'***est* grave, docteur?
Je n'ai pas bien compris **ce** *que tu as dit*.

- **Die zusammengesetzten Formen**

Die zusammengesetzten Demonstrativpronomen werden oft für Gegenüberstellungen und Aufzählungen gebraucht.

Quel livre veux-tu? **Celui-ci** ou **celui-là**?

In der Schriftsprache verweist das Adverb *ci (ici)* auf einen näheren Gegenstand und *là* auf einen entfernteren. Die gesprochene Sprache verwendet jedoch die Form *-là* auch für Gegenstände in der Nähe.

C'est bien cette cassette que tu veux?
Oui, c'est bien **celle-là**.

Im Text verweist *là* auf die zuerst genannte Wortgruppe, während *ci* sich auf die zuletzt genannte bezieht.

> J'ai rencontré Elodie et Adeline.
> **Celle-ci** (Adeline) pense aller en Angleterre alors que **celle-là** (Elodie) cherche un stage en Allemagne.

Für die neutralen Formen *ceci* und *cela* gilt entsprechend, dass sich *ceci* auf die näheren und *cela* auf die weiter entfernten Gegenstände bezieht. In der gesprochenen Sprache wird allerdings *ceci* kaum verwendet, sondern durch *cela* (umgangssprachlich *ça*) ersetzt.

> Qu'est-ce qui te plaît davantage, **ça** ou **ça**?
> **Cela**, ce n'est pas mal, mais **cela** ne me plaît pas du tout.

Wird auf Textstellen verwiesen, bezieht sich *cela* auf etwas, was eben erwähnt wurde, und *ceci* auf eine noch kommende Aussage.

> Je vais vous raconter **ceci**: …
> Et alors, elle m'a dit **ceci**: …

**4** Ersetze die unterstrichene Wortgruppe durch ein Demonstrativpronomen.

1. Prends <u>le pull</u> de Jean. ____________
2. Essaie <u>la robe</u> de Monique. ____________
3. Il m'a alors raconté <u>cette histoire</u>: … ____________
4. J'ai vu Christian et Bernard. <u>Bernard</u> veut passer une année ____________
   dans une école allemande et <u>Christian</u> veut se spécialiser en informatique. ____________
5. <u>Ces cassettes-là</u> durent plus longtemps. ____________
6. Qui sont ces deux hommes? ____________
   Ce sont <u>les hommes</u> qui viennent pour réparer le garage. ____________
7. Qu'est-ce que tu prends comme jeu? <u>Ce jeu-ci</u> ou ____________
   <u>ce jeu-là</u>? Décide-toi! ____________
8. C'est pour <u>cette raison</u> qu'elle ne veut pas venir. ____________
9. <u>Les pommes</u> d'hier étaient meilleures. ____________
10. Prends <u>le chemin de droite</u> et moi, je prendrai ____________
    <u>le chemin de gauche</u>. ____________

# C Possessivpronomen

C'est **ton parapluie**?
Oui, c'est **le mien** (meiner).

Das Possessivpronomen ersetzt eine schon bekannte Nominalgruppe, die aus Possessivbegleiter + Nomen besteht. Die Form des Possessivpronomens richtet sich nach der grammatischen Person des Besitzers (1. Person Singular: *le mien*, 2. Person Singular: *le tien*, . . .). Außerdem wird es in Geschlecht und Zahl an das Bezugswort angeglichen *(le mien, la mienne, les miens, …)*.

C'est **ta bicyclette**?
Oui, c'est **la mienne.**

**la mienne** → Besitzer/in: je (1. Person Singular)
**la mienne** → Bezugswort: la bicyclette (Femininum Singular)

| | Bezeichneter Besitz | | | |
|---|---|---|---|---|
| | Singular | | Plural | |
| | ♂ | ♀ | ♂ | ♀ |
| Ein Besitzer: | | | | |
| je | le mien | la mienne | les miens | les miennes |
| tu | le tien | la tienne | les tiens | les tiennes |
| elle/il | le sien | la sienne | les siens | les siennes |
| Mehrere Besitzer: | | | | |
| nous | le nôtre | la nôtre | les nôtres | |
| vous | le vôtre | la vôtre | les vôtres | |
| elles/ils | le leur | la leur | les leurs | |

Merke dir: Vor dem Possessivpronomen steht immer der bestimmte Artikel. Achte deswegen auf die Zusammenziehung nach *à* und *de*.

Je donne des légumes **à mon chien.**
J'en donne aussi **au mien.**

Tiens, une lettre **de mes parents**!
Moi, je suis sans nouvelles **des miens.**

Achte außerdem auf Schreibweise und Aussprache der 1. und 2. Person Plural:

le, la, les nôtre,s
le, la, les vôtre,s
} [o] (geschlossenes o)

**5** Ersetze die unterstrichene Wortgruppe durch ein Possessivpronomen.

1. Ce livre est <u>à moi</u>. C'est le mien.
2. C'est <u>ma cassette</u>. C'est ____________________
3. Ce sont <u>vos livres</u>. ____________________
4. C'est <u>ton prof</u>? ____________________
5. Il envoie toujours une carte <u>à ses amis</u>. ____________________
6. Nous avons encore des contacts avec <u>nos correspondants</u>. ____________________
7. Il ne s'intéresse pas <u>à ses affaires</u>. ____________________
8. Nous nous occuperons <u>de vos problèmes</u>. ____________________
9. Ce parapluie, c'est <u>celui de Michel</u>? ____________________
10. Ces pulls sont <u>à eux</u>? ____________________
11. Les balles de tennis sur la table sont <u>à nous</u>? ____________________

**6** Le style, c'est l'homme.
Es empfiehlt sich, wenn es möglich ist, ein Pronomen zu benutzen, statt eine schon erwähnte Nominalgruppe zu wiederholen. Du machst es auch im Deutschen nicht anders. Die folgenden Sätze sind aufgrund ihrer Konstruktion oder der Wiederholungen unrichtig oder stilistisch unschön. Korrigiere sie und gib an, ob sie sprachlich nicht korrekt (Gr) oder stilistisch schwerfällig (St) sind.

1. Si tu n'as pas tes clés, prends mes clés.

   ______ ____________________________________________

2. J'ai retrouvé mon livre, mais pas le sien de Jean.

   ______ ____________________________________________

3. Voici nos cassettes et voilà les votres.

   ______ ____________________________________________

4. C'est ton avis (*m*, Meinung) mais ce n'est pas mon mien.

   ______ ____________________________________________

5. Cette disquette, c'est de moi.

   ______ ____________________________________________

6. Voilà sa chambre et voilà leur chambre.

   ______ ____________________________________________

# Test

I Wem gehört was?
Im Restaurant werden viele Sachen vergessen. Ergänze in den Sprechblasen Possessivbegleiter, Possessivpronomen oder Demonstrativpronomen.

12 points

**II** Ersetze die unterstrichene Nominalgruppe durch das entsprechende Pronomen.

1. C'est ma place. ____________________
2. Ces chaussures-là sont trop élégantes. ____________________
3. Ce sont les affaires de sport de Delphine. ____________________
4. Tu as acheté des timbres?
   Non, je n'ai pas acheté un seul timbre. ____________________
5. Les personnes qui sont venues à ma boum étaient toutes très sympathiques. ____________________
6. Chaque correspondant doit pouvoir s'orienter seul en ville. ________________
7. Certains élèves s'intègrent vite dans les familles d'accueil, mais d'autres élèves restent timides (schüchtern). _________________ _________________
8. Les chaussures d'Alexis sont les chaussures qui traînent sur le banc. _________
9. Je m'occupe de mes affaires et tu t'occupes de tes affaires. ______________

10 points

**III** Vervollständige die Sätze mit dem passenden Pronomen.

1. Tourne à la seconde rue car ____________ est en travaux.
2. Rends-moi tout de suite ces photos, ce sont _________________.
3. Je ne fais __________ de spécial aujourd'hui.
4. Tu peux me prêter deux disques compact, __________ de Souchon et __________ de «Porte 53»?
5. C'est curieux … Il y a toujours _________________ devant cette banque.
6. Les habitants de cette région sont plus aimables que __________ de la région où nous étions l'an dernier.
7. Il n'y a jamais __________ d'intéressant dans ce cinéma.
8. Vincent! Tais-toi un peu! (Hör auf zu reden!) Tu as toujours ___________________ à dire!
9. Arrête de me piquer (klauen) des feuilles; pense plutôt à prendre _________________.
10. Il travaille de façon irrégulière. Certains jours il fait beaucoup de devoirs et _______________ il n'en fait ____________.
11. Ma mobylette (Mofa) est verte et __________ de mon frère est bleue.

13 points

# 10 Der Komparativsatz
## *La phrase comparative*

A Der Vergleich bei Mengen
B Der Vergleich bei Zahlen
C *autant … que / aussi … que*

## A Der Vergleich bei Mengen

Du erinnerst dich sicher noch an die Grundregel bei Mengenangaben*:

En ville, il y a **beaucoup de** pollution.
Les rues sont bouchées par **trop de** voitures.
Les maires n'ont pas **assez d'**argent pour changer cette situation.

Um einen Vergleich zu formulieren, wird diese Regel nun mit den Elementen kombiniert, die für die Bildung des Komparativs und des Superlativs benötigt werden.

- Komparativelemente:
  plus … que (mehr … als)
  moins … que (weniger … als)
  autant … que (genauso viel … wie)
- Superlativelemente:
  le plus … (die meisten … / das meiste …)
  le moins … (die wenigsten … / das wenigste …)

Die Komparativelemente umschließen: *de/d'* + Nomen:

| | | | | |
|---|---|---|---|---|
| La France a | **plus** | de superficie | **que** l'Allemagne. | |
| Mais elle a | **moins** | d'habitants | **que** l'Allemagne. | **Komparativ** |
| Elle a | **autant** | de problèmes | **que** l'Allemagne. | |

Die Superlativelemente werden durch *de/d'* + Nomen ergänzt:

| | | | |
|---|---|---|---|
| C'est Paris qui a | **le plus** | de touristes. | **Superlativ** |
| Ce sont les Japonais qui ont | **le moins** | de vacances. | |

* → Besser in Französisch, Grammatik 2. Lernjahr, Kapitel 7B

1 C'est la voiture qui fait le bonheur?
Formuliere Sätze mithilfe der folgenden Angaben:
+/– Komparativ
= Gleichheit
++/– – Superlativ (Benutze beim Superlativ immer die Hervorhebung: c'est … qui / ce sont … qui …)

1. L'Italie/construire/voitures/la France/–

   ______________________________

2. L'Allemagne/construire/voitures/la France/+

   ______________________________

3. Les Français/acheter/voitures étrangères/les Allemands/–

   ______________________________

   ______________________________

4. Les Allemands/conduire/voitures japonaises/les Français/+

   ______________________________

   ______________________________

5. D'ailleurs (übrigens) les Américains/acheter/voitures/++

   ______________________________

6. Ils ont/embouteillages (Verkehrsstau)/les Européens/=

   ______________________________

7. En Chine/il y a/voitures/– –

   ______________________________

## B Der Vergleich bei Zahlen

| | |
|---|---|
| La terre est très vieille: elle a **plus de** 5 milliards d'années. | (mehr als) |
| L'histoire de l'humanité est très jeune: elle a **moins de** 6 mille ans. | (weniger als) |
| La planète la plus proche est à **plus de** 350 000 kilomètres de la terre. | (mehr als) |

Wie die Nomen werden auch Zahlen nach den Vergleichsadverbien

*plus*
*moins* mit *de* angeschlossen.

2 Les vacanciers et les Bretonnes.
Vervollständige mit dem Vergleich. Achtung! In manchen Sätzen musst du auch noch das Verb hinzufügen.

1. – «La Marine» est un petit hôtel?
   – Mais non, il a ____________________
   chambres. (200 +)

2. – Il est loin de la gare?
   – Non, pas du tout, il _______________
   _______________. (3 km –)

3. – Vous avez déjà vendu beaucoup de cartes postales?
   – Non, j'en ai vendu ____________________.
   Les gens n'écrivent plus. (30 –)

4. – On peut se baigner aujourd'hui?
   – Attention, c'est dangereux, les vagues (Wellen)
   font ____________________. (2 m +)

5. – Et si on allait dans ce petit restaurant?
   – Ecoute, le menu le moins cher __________
   _______________. (25 € +)

6. – Est-ce qu'on trouve un parking à la plage?
   – Pourquoi? La plage ____________________
   __________. (200 m –) Vous pouvez y aller sans voiture.

7. – Tu as déjà fait beaucoup de photos?
   – Bien sûr, j'en ai déjà fait ____________________
   photos. (150 +)

# C *autant que / aussi . . . que*

Soll eine Gleichheit ausgedrückt werden, musst du im Französischen drei Fälle unterscheiden:

- bei Verben → *autant que*

Dans l'informatique (Informatikbranche) on peut **gagner autant qu'**à la banque.

- bei Nomen → *autant de . . . que*

En Martinique, il y a **autant de fruits que** chez nous, mais ils sont bien différents.

- bei Adjektiven und Adverbien → *aussi . . . que*

Une crêpe est parfois **aussi nourissante** (nahrhaft) **qu'**une pizza.
Monika Seleš a gagné **aussi facilement que** Steffi Graf.

**3** Les garçons et leurs rêves.
Setze die richtige Vergleichsformel ein und benutze dazu die Angaben am Rande des Textes.

1. Tu as vu les nouveaux modèles de moto, ils ont ________________ ____________________ les voitures de course. — chevaux
2. Mais non, tu rigoles (du machst Witze); elles sont certainement très rapides, mais pas ______________________________ la plupart des voitures de course. — rapide
3. Je te le jure! Avec ces motos on peut rouler ________________ ________ Alain Prost. — vite
4. De toute façon, ce n'est pas ______________________________ ________ dans une voiture de course. — confortable
5. Mais si! Avec des vêtements en cuir on a ________________ ________________ dans une limousine. — confort *m*
6. Mmh, et on ___________________________ pour une voiture de luxe . . . — payer

4 Les filles et leurs rêves …

1. Tu sais, j'ai vu des jeans chez MicMac; ils sont __________ chic

   ______________ chez Lafayette*.

2. Ce n'est pas possible. Chez MicMac, ils n'ont certainement pas

   ______________________________________ dans les couleurs

   grands magasins.

3. J'aimerais bien avoir __________________________ boucles d'oreilles *f*

   ______________________ Gaëlle. (Ohrringe)

4. Si tu avais un petit boulot, tu pourrais en ____________ acheter

   _________________ elle.

# Test

I Les jeunes Européens à l'heure actuelle.
Jan (Rotterdam), Angela (Brighton), Gisela (Essen), Jean-Luc (Lyon), Miguel (Madrid), Anna (Krakau) und Istvan (Budapest) diskutieren miteinander. Jean-Luc versteht noch nicht genug Deutsch. Anna übersetzt für ihn.

1. Jan: Die Deutschen haben weniger Arbeitslose als die Franzosen.

   Anna: ____________________________________________________________

   ____________________________________________________________

2. Gisela: Aber trotzdem haben wir mehr Probleme als die anderen Europäer.

   Anna: ____________________________________________________________

   ____________________________________________________________

3. Miguel: Das ist nicht wahr. Wir sind viel ärmer als die Deutschen. Wir haben zum Beispiel weniger Industrie als Polen.

   Anna: ____________________________________________________________

   ____________________________________________________________

   ____________________________________________________________

* großes Kaufhaus in Frankreich

4. Angela: Aber warum seid ihr so pessimistisch? Wir alle (Nous tous, nous ...) haben viel mehr Chancen als unsere Großeltern. Die Ungarn und die Polen können jetzt genauso viel reisen wie die Franzosen und die Holländer.

   Anna: ______________________________________________

   ______________________________________________

   ______________________________________________

   ______________________________________________

5. Istvan: Aber nur, wenn sie genauso reich sind wie die Franzosen und die Holländer.

   Anna: ______________________________________________

   ______________________________________________

Gib dir für jeden richtigen Vergleich einen Punkt.

| 7 points

**II** Les jeunes Européens en 2100.
Un sondage (Meinungsumfrage) dans quelques pays européens montre
- que beaucoup de jeunes en Europe parlent plusieurs langues étrangères,
- qu'ils travaillent en moyenne (im Durchschnitt) 18 heures par semaine,
- qu'ils ont de moins en moins de voitures à cause de la pollution,
- que beaucoup d'entre eux vont souvent sur la lune.

| Les jeunes Européens: | langues étrangères | horaire de travail par semaine | pourcentage (%) de voitures | vont souvent sur la lune (fois par an) |
|---|---|---|---|---|
| Allemands | **3** | **18** | **20** | **5** 10.a) |
| Anglais | **2** | **18** | **18** 7.a) | **2** |
| Espagnols | **3** 1.a) | **20** 4. | **18** 7.b) | **3** 10.b) |
| Français | **2** 1.b) | **18** | **21** | **4** 11.a) |
| Hollandais | **4** 2.a) | **15** 5. | **15** 8. | **4** 11.b) |
| Hongrois | **6** 3. | **22** | **27** 9.a) | **2** |
| Polonais | **5** 2.b) | **25** 6. | **30** 9.b) | **1** 12. |

Deine Aufgabe ist es, die gekennzeichneten Zahlen miteinander zu vergleichen und die entsprechenden Vergleichs- bzw. Superlativ-Adverbien zu benutzen.

1. Les Espagnols parlent _plus de langues étrangères que_ les Français.
2. Les Hollandais ______________________________________________

   __________ les Polonais.
3. Ce sont les Hongrois qui ______________________________________

   ______________________
4. Les Espagnols travaillent ______________ 18 heures par semaine.
5. ______________________________________________________________

   18 heures par semaine.
6. ______________________________________________________________
7. Les Anglais ont ____________________________________ les Espagnols.
8. Les Hollandais ______________________________________________
9. Ce sont les Hongrois qui ______________________________________
10. Les Allemands vont ___________________________________________

    _________________
11. Les Français _________________________________________________

    ______________________
12. Ce sont les Polonais qui ______________________________________

11 points

# 11 Die Formen des *subjonctif* *Les formes du subjonctif*

Neben dem Indikativ, dem Imperativ und dem *conditionnel* gibt es im Französischen eine weitere Aussageweise (Modus): den *subjonctif*. Er wird zwar oft auch als „Konjunktiv“ bezeichnet, man verwendet ihn aber in anderen Zusammenhängen als den deutschen Konjunktiv – so zum Beispiel nach Verben bzw. Ausdrücken der Aufforderung, der Möglichkeit und des Befehls.

| | | | |
|---|---|---|---|
| Il faut | **que** | **tu prennes** | le bus à six heures et demi. |
| Il est possible | **que** | **je sois** | en retard. |
| Je voudrais | **que** | **vous rangiez** | vos affaires maintenant. |

Wie du siehst, gehen einer *subjonctif*-Form fast immer ein *que* sowie ganz bestimmte Einleitungsformeln voraus. In diesem Kapitel werden wir uns jedoch vor allem mit der Bildung des *subjonctif* beschäftigen.

Der *subjonctif* fast aller Verben wird nach folgendem Prinzip gebildet:

Man nehme das Wörtchen *que*,
den Stamm der 3. Person Plural des Präsens,
die Endungen

-e -es -e -ions -iez -ent

und erhält den *subjonctif présent*.

Die regelmäßigen *subjonctif*-Formen entsprechen im Singular sowie in der 3. Person Plural den Präsensformen der Verben auf *-er*. In der 1. und 2. Person Plural entsprechen sie dem *imparfait*.

- **Verben auf *-er***

| infinitif | présent: elles/ils | subjonctif présent | | |
|---|---|---|---|---|
| chanter | **chant** ent | que | je | chant **e** |
| | | que | tu | chant **es** |
| | | qu' | elle/il | chant **e** |
| | | que | nous | chant **ions** |
| | | que | vous | chant **iez** |
| | | qu' | elles/ils | chant **ent** |

- **Verben auf *-re* und *-ir***

| infinitif | présent: elles/ils | subjonctif présent | | |
|---|---|---|---|---|
| attendre | **attend**ent | que | j' | attend **e** |
| ralentir | **ralentiss**ent | que | tu | ralentiss **es** |
| rendre | **rend**ent | qu' | elle/il | rend **e** |
| dire | **dis**ent | que | nous | dis **ions** |
| dormir | **dorm**ent | que | vous | dorm **iez** |
| atteindre | **atteign**ent | qu' | elles/ils | atteign **ent** |

Aber wie immer gibt es auch hier einige Ausnahmen. Daher merkst du dir für den *subjonctif* am besten folgende unregelmäßige Verbtypen:

- **Verben, die von zwei Stämmen abgeleitet werden**

| infinitif | présent: nous | présent: elles/ils | subjonctif présent | | | Ebenso: |
|---|---|---|---|---|---|---|
| prendre | | **prenn**ent | que | je | prenn **e** | |
| | | | que | tu | prenn **es** | |
| | | | qu' | elle/il | prenn **e** | |
| | | | qu' | elles/ils | prenn **ent** | |
| | **pren**ons | | que | nous | pren **ions** | |
| | | | que | vous | pren **iez** | |
| boire | | **boiv**ent | que | je | boiv **e** | devoir, recevoir |
| | | | ... | | | |
| | **buv**ons | | que | nous | buv **ions** | |
| | | | que | vous | buv **iez** | |
| venir | | **vienn**ent | que | je | vienn **e** | tenir |
| | | | ... | | | |
| | **ven**ons | | que | nous | ven **ions** | |
| | | | que | vous | ven **iez** | |
| croire | | **croi**ent | que | je | croi **e** | voir, payer, employer, envoyer |
| | | | ... | | | |
| | **croy**ons | | que | nous | croy **ions** | |
| | | | que | vous | croy **iez** | |
| acheter | | **achèt**ent | que | j' | achèt **e** | préférer |
| | | | ... | | | |
| | **achet**ons | | que | nous | achet **ions** | |
| | | | que | vous | achet **iez** | |

- **Verben mit einem abgeleiteten und einem eigenen *subjonctif*-Stamm**

| infinitif | présent: nous | subjonctif-Stamm | subjonctif présent | | |
|---|---|---|---|---|---|
| aller | | **aill-** | que | j' | aill **e** |
| | | | que | tu | aill **es** |
| | | | qu' | elle/il | aill **e** |
| | | | qu' | elles/ils | aill **ent** |
| | **all**ons | | que | nous | all **ions** |
| | | | que | vous | all **iez** |
| vouloir | | **veuill-** | que | je | veuill **e** |
| | | | . . . | | |
| | **voul**ons | | que | nous | voul **ions** |
| | | | que | vous | voul **iez** |
| il faut (falloir) | | **faill-** | qu' | il | faill **e** |

- **Verben mit einem eigenen *subjonctif*-Stamm**

| infinitif | subjonctif-Stamm | subjonctif présent | | |
|---|---|---|---|---|
| savoir | **sach-** | que | je | sach **e** |
| pouvoir | **puiss-** | que | tu | puiss **es** |
| faire | **fass-** | qu' | elle/il | fass **e** |
| | | que | nous | sach **ions** |
| | | que | vous | puiss **iez** |
| | | que | elles/ils | fass **ent** |

- **Verben mit zwei eigenen *subjonctif*-Stämmen**

| infinitif | Stamm | subjonctif présent | | infinitif | Stamm | subjonctif présent | |
|---|---|---|---|---|---|---|---|
| être | **soi-** | que je | soi **s** | avoir | **ai-** | que j' | ai **e** |
| | | que tu | soi **s** | | | que tu | ai **es** |
| | | qu' elle/il | soi **t** | | | qu' elle/il | ai **t** |
| | | que elles/ils | soi **ent** | | | qu' elles/ils | ai **ent** |
| | **soy-** | que nous | soy **ons** | | **ay-** | que nous | ay **ons** |
| | | que vous | soy **ez** | | | que vous | ay **ez** |

Beachte hier auch die abweichenden Endungen von *être* im Singular und von *avoir* in der 3. Person Singular.

Mit den Verben *être* und *avoir* hast du auch den „Schlüssel" für den *subjonctif passé.*

> Je ne pense pas qu'il **ait pris** le train.
> Nadine, c'est gentil que tu **sois venue** nous aider hier.

Natürlich musst du darauf achten, dass auch beim *subjonctif passé* das *participe passé* in Geschlecht und Zahl dem Subjekt, auf das es sich bezieht, angeglichen wird.

1 Le potage du jour.
Les Français aiment bien les potages de légumes. Après avoir fait cuir les légumes on les passe ensuite au mixeur (Pürierstab).
Setze den *subjonctif*-Pürierstab ein und verarbeite die Infinitive zu den richtigen Formen des *subjonctif présent*.

Es gibt verschiedene Ausdrücke und Verben, die den *subjonctif* auslösen. Der *subjonctif* folgt immer nach:

a) Äußerungen des Wunsches, der deutlichen Aufforderung/des Befehls, des Einverständnisses: *j'accepte que, ...*
b) Äußerungen des Bedauerns, der Verwunderung, des Zweifelns und der Zufriedenheit: *je suis content,e que, ...*
c) einer ganzen Reihe von unpersönlichen Äußerungen: *il est normal, ...*
d) bestimmten Konjunktionen: *pour que* (damit), *bien que* (obgleich), *sans que* (ohne dass), *avant que* (bevor), *jusqu'à ce que* (bis dass).

Im folgenden Test findest du weitere „Auslöser" für den *subjonctif*.

# Test

I M. Boulifrance va voir son médicin.
Setze die richtigen Formen des *subjonctif présent* ein.

Boulifrance: Voilà, docteur, il faut que vous m'_____________ [1] (aider).

Docteur: J'ai peur que vous ___________ [2] (être) très malade. J'aimerais que vous me _____________ [3] (raconter) ce que vous mangez le soir.

Boulifrance: En général, pas grand chose! Il est possible que de temps en temps nous ________________ [4] (préparer) un petit dîner avec une entrée, un bon plat principal, le fromage bien sûr, et un dessert. Mais je ne crois pas que ce ________ [5] (être) plus souvent que quatre fois par semaine. Et le week-end, il se peut que nous ___________ [6] (aller) dans notre restaurant préféré. Là, il est normal que nous _____________ [7] (prendre) le menu du dimanche.

Docteur: Est-il obligatoire que votre menu ________ [8] (être) arrosé (begießen) d'un bon vin?

Boulifrance: Ah oui, docteur, pour que nous ________________ [9] (digérer) bien, il est parfois nécessaire que nous _________________ [10] (boire) même deux bouteilles. Et bien que ma femme m'______________ [11] (interdire) de fumer à la maison, une petite cigarette me fait du bien après un tel repas.

Docteur: Mon cher Boulifrance, il est bien normal que vous ne vous _____________[12] (sentir) pas en forme. Je crains que vous ___________[13] (être) gravement malade. Il est temps que vous _____________[14] (changer) votre vie. Il faut que vous _____________[15] (suivre) un régime très strict.

Boulifrance: Oh docteur, je ne pense pas qu'un régime me ___________[16] (faire) du bien.

16 points